体育产业的多元化融合发展研究

王　枢◎著

群言出版社
QUNYAN PRESS
·北京·

图书在版编目（CIP）数据

体育产业的多元化融合发展研究 / 王枢著. -- 北京 : 群言出版社, 2024. 9. -- ISBN 978-7-5193-1019-6

Ⅰ. G812

中国国家版本馆 CIP 数据核字第 2024P82V15 号

责任编辑：陈　芳
封面设计：知更壹点

出版发行：群言出版社
地　　址：北京市东城区东厂胡同北巷1号（100006）
网　　址：www.qypublish.com（官网书城）
电子信箱：qunyancbs@126.com
联系电话：010-65267783　65263836
法律顾问：北京法政安邦律师事务所
经　　销：全国新华书店

印　　刷：河北赛文印刷有限公司
版　　次：2024年9月第1版
印　　次：2024年9月第1次印刷
开　　本：710mm×1000mm　1/16
印　　张：10.75
字　　数：215千字
书　　号：ISBN 978-7-5193-1019-6
定　　价：48.00元

作者简介

王枢，女，内蒙古民族大学讲师，东北师范大学硕士，中国健身气功一级裁判员，主要从事体育社会学、体育教育方面的研究，在《广州体育学院学报》等体育学术刊物上发表多篇论文，主持并参与多项国家社会科学基金、内蒙古社会科学基金。

前　言

近年来，随着国民健康意识的提升和消费结构的升级，体育产业作为现代经济社会的重要组成部分，正呈现出蓬勃发展的态势，特别是在多元化、融合化的发展趋势下，体育产业正与其他产业深度交叉，共同构筑了一个全新的产业发展格局。本书旨在深入探讨体育产业的多元化融合发展，以期为我国体育产业的健康发展提供理论支撑和实践指导。

体育产业作为一种特殊的产业形态，其发展与经济、文化、社会等多个领域密切相关。在经济全球化、信息化的时代背景下，体育产业正面临着前所未有的发展机遇与挑战。一方面，随着科技的进步和互联网的普及，体育产业与“互联网+”的融合成为新的发展趋势，为体育产业的创新发展提供了无限可能；另一方面，体育产业与旅游、养老、文化等产业的深度融合，不仅丰富了体育产业的内涵和外延，也为相关产业的转型升级提供了新的动力。

本书从多个维度对体育产业的多元化融合发展进行了全面而深入的研究。首先，通过对体育产业基本理论的梳理，明确了体育产业的概念、分类、属性与特征，为后续研究奠定了理论基础。其次，本书重点探讨了体育产业与“互联网+”及旅游、养老、文化等产业的融合发展，分析了融合发展的现状、挑战及策略，提出了有针对性的发展建议。再次，本书还对休闲体育产业与农村休闲产业的融合发展进行了探索，为体育产业在农村地区的推广和普及提供了新思路。最后，本书对体育产业与健康产业、动漫产业、武术产业的融合发展进行分析，进一步探讨了体育产业多元化融合发展的多样性和广泛性。

本书力求做到理论与实践相结合，为体育产业的多元化融合发展提供科学、系统的研究支撑。同时，本书还注重吸收国内外最新研究成果和实践经验，力求做到与时俱进，为我国体育产业的可持续发展提供有益的借鉴和参考。

体育产业的多元化融合发展是一个复杂而系统的工程，需要政府、企业、社会等多方面的共同努力。本书的研究成果将为相关决策部门提供决策参考，为体育产业提供发展思路，同时也为广大体育爱好者提供了解体育产业的新视角。笔者期待本书的出版能够推动我国体育产业的研究和实践走向更加深入、全面的阶段，为我国体育产业的繁荣发展贡献智慧和力量。

体育产业的多元化融合发展是一个动态的过程，需要不断跟踪和研究新的发展趋势和变化。笔者期待在未来的研究中，能够继续深入探讨体育产业的创新发展路径和模式，为我国体育产业的可持续发展贡献更多的智慧和力量。

王　枢

2024 年 4 月

目　录

第一章 体育产业的基本理论

本章以体育产业为研究对象，通过资料搜集、文献整理和逻辑分析，试图从体育产业的概念、分类、属性、特征等方面进行研究，并剖析我国体育事业与体育产业的辩证关系，为进一步阐述新时代体育产业发展打下理论基础。

第一节 体育产业的概念

关于体育产业的概念问题，国内外尚无统一的界定。西方经济发达国家体育产业发展起步早，体育产业的统计方法与我国也不尽相同，其对体育产业概念的界定相对宽泛。大多数国家都认为，体育产业是提供体育产品或服务的组织和活动的总和。体育产业相关的组织不仅包括生产体育物质产品的企业，也包括提供体育服务产品的机构。

一、现有体育产业概念的认识

目前我国关于体育产业概念的界定大体上有以下四种观点。[①]

（一）体育产业外延的广义说

体育产业的定义有多种表述，但普遍被理解为与体育相关的所有生产和经营活动。这个定义不仅涵盖了体育物质产品如体育设备和服装的生产，还包括多种体育服务和劳务，如健身娱乐、竞技观赏、体育教育与培训、体育媒体和新闻报道、体育广告及体育博彩等。此外，体育产业还涉及相关的营养和健康产品。具体来说，体育产业可以细分为三大部分：体育主体产业、体育相关产业和体办产业。体育主体产业主要由体育部门管理并直接提供体育服务，发挥体育的核心价值。体育相关产业则包括与体育紧密相关的其他生产和经营活动，如体育设施的建设与管理、体育用品的制造与销售。体办产业涉及体育部门为了创收而支持体

① 中国体育科学学会体育产业分会. 中国体育及相关产业统计［M］. 北京：人民体育出版社，2011.

育事业的发展所开展的非体育主体的经营活动，如出版物销售、纪念品贸易等。

持有广义体育产业界定观点的学者通常依据两个主要思维基点进行论述。首先，他们强调体育市场中的主体和客体，即生产者和消费者，都应被包括在体育产业的定义之中。这种观点认为，体育消费不仅是体育产业的核心驱动力，而且体育产品的生产也密切关联消费者的需求和消费行为，因此体育产业的范围应涵盖生产物质产品和提供服务的各个行业和部门。其次，这类观点还考虑到政府部门的实际需求，尤其是体育委员会系统的财政收入需求。相关专家认为，任何能够为体育委员会部门带来经济利益和提供资金支持的产业，无论其活动性质如何，均应视为体育产业的一部分。

与固守传统经济理论的观点不同，部分学者基于我国当前体育产业不断发展与变化的现实，从理论规范的角度出发，特别是从体育产业统计的现实出发，结合国内外体育产业实践与理论研究成果，将体育产业定义为：为社会公众提供体育服务和产品的活动，以及与这些活动有关联的活动的集合。①

（二）体育产业的体育事业说

有学者认为，体育事业包含体育产业，或称体育产业是社会主义市场经济运行体制下的体育事业，它是体育事业由传统的计划经济转到社会主义市场经济体制下的称谓。支持广义体育产业定义的学者基于两个关键思维基点：首先，他们认为体育事业是体育产业的上层概念，强调体育是一种具有明确目标、规模、组织和系统的事业，其生产和经营活动符合体育产业的特征。其次，这些学者认为体育产业是在经济体制转型中体育事业功能的延伸，强调在不同经济体制下，体育事业的发展目标和成果转化方式存在显著差异。在计划经济体制下，体育事业主要追求传统业务成果的最大化，如竞赛的频率和参与度。而在社会主义市场经济体制下，除了传统的成果，还应追求将这些成果转化为具有实物和价值形态的经济效益，即“二次产出”，体现了体育事业向体育产业经济化转变的趋势。

（三）体育产业的体育事业可盈利部分说

有些学者从实用性的角度出发，提出了一种将体育产业定义为体育事业中可市场化并能够产生经济利益的部分的观点。这种定义方式被简称为“体育产业的体育事业可盈利部分说”，它把体育产业视作一个过程概念，强调产业本质上是市场中实际存在的商品与货币关系的体现，从而认为没有市场的产业实际上是不存在的。这种观点的支持者不太关注体育产业应该被归类为第二产业、第三产业还是混合产业，他们认为这些讨论并未触及关键问题。相反，他们更重视明确哪

---

① 吴超林，杨晓生. 体育产业经济学［M］. 北京：高等教育出版社，2004.

些体育活动可以被转化为市场上的商品或服务，并能够产生实际的经济效益。

（四）狭义的体育产业说——体育产业就是体育服务业

体育产业被广泛认为是包括所有提供体育和运动服务或劳务的企业集合。这个概念覆盖了多个领域，如健身娱乐业、体育竞赛表演业、体育咨询培训业、体育旅游业、体育经纪业以及体育博彩业等。这些产业的核心特征是产品的非实物性质，主要以劳务或服务形式存在，直接面向消费者的身心需求。支持这种定义的学者的主要理论基础有两个方面：首先，根据费希尔等人提出的三次产业分类法，体育产业因其主要涉及服务和劳务，应被归类为第三产业。这种归类与传统经济学原理一致。其次，体育产品与其生产输入品之间具有本质区别，它们是互补的而非可替代的，因此体育产品应被视为一个独立于其他产业产品之外的特殊类别。这种观点认为，体育产业是一种专门向社会提供各类体育劳务（服务）的活动。产业主体是体育综合服务业，其中包括体育场馆服务业、体育竞赛和表演服务业、体育咨询培训服务业以及体育医疗与康复服务业等，突显了体育产业的广泛性和专业性。

上述观点虽然从理论和实用的角度对体育产业的概念进行了阐释，但与我国体育产业的快速发展和变化的实际情况相比，特别是与国内体育产业“统计分类”的具体要求相比较时，这些理论在认识和可操作性方面存在一定的偏差。这表明，虽然这些定义有其价值，但在实际应用中，可能需要进一步研究。我国的体育产业理论体系构建与实践都还处于比较初级的阶段。随着我国体育产业的发展，尤其是体育产业理论研究的深入，许多学者从传统经济学理论出发，依据国际广泛采用的三次产业分类法，认为体育属于第三产业，因而体育产业的基本内容只能限定在第三产业中，进而将体育产业界定为向社会提供各种体育劳务的有关部门。

二、体育产业概念的辨析

广义的体育产业的定义包括生产物质产品的企业，但这种分类存在一些标准和逻辑上的问题。

首先，物质产品和服务或劳务产品在本质上存在显著差异，无法相互替代。例如，运动器材和运动服装等物质产品与体育表演服务等不属于同一商品市场。物质产品主要通过机械或机电原理制造，而体育服务则是基于人体运动和相关科学原理提供的，因此，这两类产品不应被归入同一产业。

其次，从生产技术和工艺的角度来看，物质产品与体育服务的生产过程大不相同。物质产品依赖于工业生产流程和机械设备，而体育服务则依靠专业的体育技能和人体运动，涉及解剖学、生理学、力学等多种学科。这种生产方式的根本差异使得将这些服务和物质产品纳入同一产业类别显得不合逻辑。

最后，广义的体育产业的定义违反了经济学的产业划分标准和逻辑学的基本规则。例如，按照这种定义，连房地产和制药行业通过投资运动俱乐部也能被视为体育产业的一部分。这种将非体育领域的商业活动划入体育产业的逻辑不仅荒谬，也破坏了产业分类的科学性和实用性。因此，广义的体育产业定义需要被重新考虑和修正，以符合经济和逻辑学的正确应用。

“体育产业的体育事业说”提出将体育产业和体育事业视为相同层级的概念，但实际上这两者在本质和结构上具有显著的差异，导致概念关系混淆，并与当前实际改革趋势不符。

第一，体育事业主要关注创造公益性和福利性的社会公共产品，其核心目标在于增强社会效益。而体育产业则涉及经济活动，其产品包括体育服务和衍生的无形资产，主旨在于通过市场机制实现经济效益。

第二，体育事业和体育产业在运行机制上也大相径庭。体育事业通常由政府统一规划和管理，依赖国家财政支持，强调统一的行政步骤和管理；体育产业则基于市场供需关系运作，遵循市场经济的基本规则，强调经济实体之间的自由交易。

第三，体育事业和体育产业在组织形态和投资主体上也存在明显区别。体育事业通常由政府投资，采用自上而下的行政体系结构；而体育产业则可能涵盖各种投资主体，如国家、个人或私营企业，组织形式更为分散和独立。

“体育产业的体育事业说”这种分类上的混淆可能导致政府或事业单位在体制转型中过度介入经济活动，从而合理化某些既得利益。这与体育事业的公益性宗旨相悖，也可能妨碍体育产业的健康发展。

在进行体制改革的过程中，创新体制的举措显得尤为关键。这些活动有助于明确界定事业和产业的差异，清楚地分辨它们的结构与职能。适当的划分不仅能帮助消除因政府和企业角色混淆而产生的制度性腐败，而且对于推动社会发展与经济增长具有重要的正面影响。

“体育产业的体育事业可盈利部分说”在理论上存在一些明显的缺陷。首先，该理论的定义存在不完全性问题。它倾向于从实用主义的角度出发，将体育事业和产业的某些现象或发展阶段错误地视为它们的本质属性。例如，仅因为体育事业在某些情况下可以盈利，就将其划分为体育产业的一部分，忽视了事业与产业的本质区别。这种分类方式如同将车库中停着的汽车不认为是汽车一样，显然是对事物本质的误解。其次，这种观点还排除了那些原本不属于体育事业但已成为体育产业组成部分的新兴产业部门，如保龄球和高尔夫球服务部门。这种排斥现象不仅限制了体育产业的自然发展，还忽视了社会需求结构变化带来的新机遇。

最后，“体育产业的体育事业可盈利说”在进行产业划分时忽视了产业类型和层次的界限，将经济利益作为划分的唯一标准。这种方法可能导致体育产业的概念回归到过于广泛的定义，与“体育产业外延的广义说”所存在的问题相似。

“狭义的体育产业说”提出了一种严格的体育产业定义，将体育、运动服务或劳务产品的生产和提供作为产业的核心。这种定义符合产业经济学理论和逻辑学规则，确保了体育产业产品属性的同质性，符合经济活动的产业划分规则。具体而言，它依据产品的相似属性和生产技术的相似性进行产业分类，确保了体育产业在逻辑上的一致性，并将其定位于第三产业。尽管这种定义在理论上看似严谨，但是实际上它存在三个明显的缺陷，这些缺陷使得该定义难以适应实际的产业统计和政策制定需求。首先，这种狭义的分类方法与国际上的通行做法不一致。例如，澳大利亚和韩国等国的体育产业统计不仅包括体育服务，还涵盖体育用品和体育建筑等领域。这表明，国际上对体育产业的认识和分类更为广泛和包容。其次，从国内实际情况来看，仅计算体育服务和劳务而忽略与体育密切相关的物质产品，如体育用品和体育建筑，会导致无法全面反映我国体育产业的实际内容和规模。研究表明，这些领域在我国体育产业中占有重要地位，并且对经济发展贡献显著。最后，这种狭义的分类方法与我国体育统计部门的实际操作也不相符，因此难以为政策制定和产业发展提供准确的数据支持。综上所述，“狭义的体育产业说”虽然理论上合理，但在实际应用中需要进一步调整和扩展。

三、体育产业概念的界定

关于产业的定义，学术界至今尚未形成统一的共识。在《中国经济史大辞典》中，产业被定义为介于宏观经济与微观经济之间，由具有某种同一属性的企业集合所形成的经济单位。这个定义指出，产业既不是宏观层面的整体国民经济，也不是微观层面的单个企业或家庭消费单位。一个企业可能涉及多种商品的生产与经营，但作为产业的企业集合，主要是指那些具有共同属性的经济活动的聚集体。此外，产业的范畴远不止于工业领域，它包括国民经济中的所有领域，从各个部门到具体行业，覆盖生产、流通、服务领域，还包括文化和教育等领域。

从以上定义我们可以看出，在现代经济学中，“产业”具有两种含义：广义上，它涵盖了所有的生产和经营行业，用于宏观经济分析；狭义上，它指具有相同属性的企业集合，用于具体市场研究。

在讨论体育产业时，可以从广义和狭义两个层面来理解。广义的体育产业涵盖了体育行业的所有生产、经营和服务活动。这不仅包括追求盈利的体育企业，也涵盖提供公益服务的体育事业单位，体现了体育产业在社会生活中的全面性和多功能性。而狭义的体育产业则特指那些直接从事体育相关产品和服务的企业集合，其核心特征在于其营利性，即这些企业的主要目标是通过体育活动来实现经济利益的最大化。

通过分析体育事业和体育产业的概念，我们发现，在广义上，体育事业和体育产业具有基本相同的内涵和外延，区别主要在于定义的角度。然而，在狭义上，体育事业与体育产业则表现为完全不同的概念。

第二节　体育产业的分类、属性与特征

一、体育产业的分类

体育产业的分类方法在全球范围内因国家的经济制度和文化背景不同而有所差异，这反映了各国对体育产业认识和发展策略的不同。例如，美国的体育产业涵盖极其广泛的领域，包括健身娱乐业、职业体育、体育用品业、体育经纪业、体育媒介业等多个细分市场，还包括体育广告、体育彩票与博彩、体育保险及赞助等领域。这种分类突出了体育产业在商业运作中的多元性和商业价值。加拿大则从体育产业的职业角色出发，将其细分为教练、裁判、运动员以及体育用品制造业等，同时也涵盖了体育与休闲服务产业和全国性体育组织等。这种方法强调了体育产业中的职业化和服务化。澳大利亚则采用了更为细致的分类，将体育与休闲产业划分为主体产业和相关产业，覆盖从有组织的体育活动到娱乐与被动休闲活动，以及博彩和体育与休闲服务等。此外，澳大利亚还将建筑业、零售和批发贸易等看似非体育直接相关的行业也纳入体育产业框架中，展示了体育产业在澳大利亚经济中的广泛影响和综合性。这些多样化的分类方法不仅揭示了各国体育产业的特点，还为国际体育政策制定、体育产业管理以及跨国经济活动的研究提供了宝贵的参考。

1995 年，国家体育总局发布的《体育产业发展纲要（1995—2010 年）》中，我国的体育产业被分为三个层次：第一层次为体育主体产业，第二层次为体育相关产业，第三层次为体育外围产业。①

为了反映我国体育产业发展在国民经济中的地位与作用，《国民经济行业分类》（GB/T 4754—2017）中，对各产业名称、类别、代码、门类、大类、中类、小类等均做出了说明。例如，体育用品制造（代码 244），包括球类制造（代码 2441）、专项运动器材及配件制造（代码 2442）、健身器材制造（代码

① 张林. 体育产业概论［M］. 北京：高等教育出版社，2013.

2443）、运动防护用具制造（代码 2444）、其他体育用品制造（代码 2449），体育组织（代码 891），体育场地设施管理（代码 892），健身休闲活动（代码 893），其他体育（代码 899）。其中，体育组织（代码 891）中又包括体育竞赛组织（8911）、体育保障组织（8912）、其他体育组织（8919）。

《“十四五”体育发展规划》是我国为实现体育强国的长远目标而制定的战略性文件，旨在全面提升体育事业的发展水平。规划中设定了 2035 年的体育强国建设远景目标，并明确了“十四五”期间体育发展的主要目标和措施。具体内容包括：提高全民体育活动的参与率，确保全民健身设施更加普及和便捷，增强人民群众的体质健康；强化竞技体育的培养体系，提高在国际赛事中的竞争力，优化竞技体育结构，发展潜力大的项目；加强青少年体育教育和活动，培养青少年的体育兴趣和良好运动习惯，提高青少年的体质和运动技能；扩大体育产业的规模和质量，创新体育产业的经营模式和产品，促进体育产业与科技、旅游等其他产业的融合，增强体育产业的综合实力和国际竞争力。此外，规划还强调加强体育文化建设，提升体育对外交往和体育科教工作水平，以及完善体育法治，为体育事业的全面发展提供坚实的制度保障。

二、体育产业的属性

1985 年，国家统计局发布的《国民生产总值计算方案》首次将体育事业纳入第三产业的一个层级，定义其主要功能为“提高科学文化水平和居民素质”。此后，1992 年 6 月，中共中央、国务院在《关于加快发展第三产业的决定》中进一步明确了体育产业的属性，正式将其界定为第三产业的一部分，突出其作为现代服务业的组成部分的产业属性。体育产业的组成不仅限于提供体育服务的第三产业部分，还涵盖了生产体育用品、体育器材、体育服装鞋帽等物质产品的第二产业。尽管物质产品的生产是体育服务的支持和延伸部分，但体育产业的核心依然是服务业，这符合第三产业的基本定义。这种分类显示了体育产业的多样性和复杂性，体现了其跨产业的综合性质。

然而，随着科技的迅速进步和经济活动的日益多元化，三次产业分类法的局限性开始变得越来越明显。第三产业的定义过于宽泛，涵盖了从为航天事业服务的高科技数据库到提供日常理发服务的小型企业等广泛领域。这一分类法在现代经济结构中面临挑战，尤其是在服务业快速发展和信息产业异军突起的背景下。例如，制药业虽然被归类为“制造业”，但在现代经济条件下，药品生产的成本只占其整体成本的一小部分，而研究开发、临床试验、申请专利和征税许可证、药品的市场推广等大多属于服务活动。这种现象不仅出现在制药业，体育产业同样面临这样的分类挑战。近年来，第三产业已经成为社会最大的产业门类，随着其不断扩展，原有的产业分类已经不足以准确描述这些行业的真实情况。随着经济的发展，国民经济的各个行业不仅分工越来越细，同时在多个层面上也日益相互渗透和融合。

体育产业也正在适应这种新的经济发展趋势。它不仅加强了与经济、文化、艺术、旅游、科技、卫生等国民经济相关部门的联系与融合，而且通过这些跨领域的合作，极大地推动了体育市场的繁荣。这种合作使体育产业能够满足人民群众对体育服务和体育用品的多方面、多层次的需求。因此，在进行体育产业属性的界定时，我们不能僵化地依据三次产业的传统分类法来划分，而应该根据体育产业发展的现实情况和国际体育产业发展的实际趋势，采取更灵活的分类方法。这种方法不仅能更准确地反映体育产业的实际情况，还能更好地适应经济和时代的发展趋势，使人们认识到体育产业不仅是第三产业的组成部分，而且是一个综合性的产业门类。

三、体育产业的特征

在当前追求高生活质量和可持续发展的社会背景下，体育产业展示了其多方面的优势，包括低成本、低能耗、少污染、快周期、娱乐性强、高产业关联度及广泛的辐射范围。这些特点使体育产业成为世界许多国家用以提升产业结构、满足居民投资与消费需求、促进相关产业发展以及有效配置资源的支柱性产业。

（一）经营性

体育产业本质上是一种经济活动，具有显著的经营性特征。与公益性的体育事业相比，体育产业的运营者在市场经济体制下，按照法律规定享有经营权、利润获取权、纳税和承担社会责任等权利和义务。运营者通过市场机制配置体育资源，针对市场需求进行投资，并提供各类体育服务和产品，以获取市场优势，促进进一步发展。

（二）关联性

体育产业具有强大的产业关联效应，能够促进相关产业的发展。体育产业不仅内部各门类互相推动，还能间接促进国民经济的其他领域的发展，如旅游、服装、钢铁、餐饮和交通等。

（三）国际性

体育产业是高度国际化的产业，随着经济全球化的发展，体育产业的国际竞争性也在增强。体育产业的国际性表现在国际体育协会权威性的增强、重大赛事的国际合办、体育人才的国际流动以及体育贸易的跨国拓展等方面。

（四）准公益性

一般认为，体育产业具有经济效益和社会效益的双重属性。体育产业的准公益性特征主要体现在体育产业发挥其社会效益方面，即政府部门、体育社会组织等发展体育产业，并向社会提供非营利性的体育产品与服务。体育产业与体育事业的边界划分越清晰，体育产业在改善民生、增加就业等方面的作用越明显。近年来，随着健康中国和全民健身国家战略的深入推进，体育产业的准公益性特征逐渐显现。

第三节 我国体育事业与体育产业的辩证关系

21 世纪初，随着申办奥运会的热潮，体育在中国广受关注，开启了中华人民共和国成立以来体育事业繁荣发展的新篇章。体育产业化迅速推进，表现出前所未有的活力。然而，尽管体育事业与体育产业的发展态势良好，理论界与实务界对于这两个概念及其关系的理解却出现分歧。一些学者持有“体育产业即体育事业”的观点，一些学者则认为“体育产业是体育事业的一部分”，还有观点认为“体育产业与体育事业是互不相容的”。这种认识上的不统一不仅阻碍了学术交流与对话，也对我国体育事业与体育产业的深入发展构成了障碍。[①] 鉴于此，下文着重探讨体育事业与体育产业的概念、内涵及其相互关系，以期为相关讨论提供清晰的理论基础和实践指导。

一、体育事业概念的界定

根据《现代汉语词典》的定义，“事业”一词指人所从事的，具有一定目标、规模和系统的经常活动，且对社会发展有影响。这个定义揭示了“事业”在语言使用中的广义和狭义之分。广义上的“事业”泛指各种对社会有益的活动类别，如“卫生事业”“教育事业”“文化事业”等。这些都是围绕特定社会目标和需要而展开的系统性活动。在狭义上，“事业”特指事业单位，这在我国的语境中通常被理解为“全民所有制事业单位”。然而，随着改革开放的推进，非国有事业单位得以兴起和发展，事业单位的范畴已经扩展。这些单位虽然在所有制形式上存在差异，但共同维持了事业单位的核心属性——公益性和非营利性。这是事业单位与营利性企业的本质区别。总体来说，事业单位无论是国有还是非国有，

① 西宗凤，楼小飞，黄海燕. 试论我国体育事业与体育产业的辩证关系[J]. 成都体育学院学报，2008(2)：52-55.

其主要特征是不以营利为目的，重点在于提供公共服务，满足社会需求，而不是追求经济利益。

体育事业可以从广义和狭义两个角度来定义。广义上的体育事业涵盖了人们参与的所有与体育相关的活动，这些活动具有明确的目标、一定的规模和系统性，且对社会发展具有一定的影响力。此定义不局限于活动的主办单位或其经济性质。狭义上的体育事业则特指那些由国家或社会资助的公益性事业单位所进行的活动，这些单位提供体育产品或服务，主要服务对象是所有公民或社会特定群体。这类体育事业的核心特点是它们的运作不以营利为目的，而是以推广体育活动、提高公众健康水平和促进社会福利为主要目标。

二、体育事业与体育产业的区别

体育事业与体育产业之间的区别主要体现在五个方面：生产目的、资本来源、机构性质、运营机制、调控方式。这些差异不仅涉及它们的基本功能和运作模式，而且也影响到它们在社会和经济中的角色。以下内容将详细探讨这些方面。

（一）生产目的不同

体育事业主要是以提供公共产品为目标，其核心是服务社会和公众的健康福祉，不以营利为目的。例如，国家和地方政府投资建设体育设施，开展全民健身活动，旨在提高国民的体质和健康水平，这些通常不直接产生经济收益，但对社会的长远发展极为重要。相反，体育产业的主要目的是为市场生产商品和提供服务，以盈利为主要驱动力。体育产业包括各种私营健身俱乐部、专业体育赛事的组织与营销、体育用品的生产与销售等，这些都是直接面向市场的追求最大化经济效益的活动。

（二）资本来源不同

体育事业的资本主要源于公共财政，即国家或地方政府的预算。这些资金用于建设公共体育设施、培养体育人才、推广体育活动等，其资金使用需确保透明和符合公共利益。而体育产业的资本来源则更加多元化。除了可以获得政府的某些支持和补贴，更多的是依赖私人投资、企业赞助以及通过市场运作获得的资金。例如，一个职业足球俱乐部可能会从票房收入、广告赞助以及商品销售中获得资金。

（三）机构性质不同

体育事业机构通常是政府部门的组织或由政府资助的公益性组织。这些机构的目标是普及体育活动，提高全民健康水平，其活动往往不涉及商业盈利。例如，学校、大学以及公共体育中心等，都是典型的体育事业机构。相比之下，体育产业机构则主要是以盈利为目的的企业，它们可能是私人公司、股份制企业甚至跨国公司。这些机构的运营更加依赖市场规律，如职业体育俱乐部和商业健身房等。

（四）运营机制不同

体育事业的运营机制主要依靠政府的资助和政策支持，强调的是社会效益最大化。其运营目标通常与经济效益无关，更多的是关注如何通过体育活动来提升人民的生活质量和身体健康。体育产业的运营机制则基于市场原则，追求经济效益最大化。这包括成本控制、市场推广、品牌合作等策略。体育产业通过提供各种体育产品和服务，如体育赛事的门票、转播权、相关商品等实现利润最大化。

（五）调控方式不同

体育事业具有公益性质，往往受到较为直接的政府管理和监督。政府通过制定相关政策和直接投资影响体育事业的发展方向和运作方式。例如，政府可以直接决定建设哪些体育设施，或者如何开展全民健身计划。体育产业则主要通过市场机制进行调控。政府的介入通常是通过法律法规来确保市场公平竞争，以及通过税收优惠和价格政策等间接手段来引导产业发展。此外，市场自身的竞争也是调控体育产业的一种重要方式。

体育事业与体育产业之间虽在理论上有明确区别，但实际操作中二者常密切相关且交叉重叠，界限模糊且随社会经济形势变化而动态转换。体育事业主要关注提供公共价值，如全民健身项目、体育人才培养、体育科技服务、公共体育设施建设及青少年体育比赛等，这些活动多由政府主导，强调非营利性、普及性。相对而言，体育产业则依赖市场机制，具有高度的商业化和营利性，如健身中心、职业体育赛事、体育用品销售及体育中介服务等，这些领域的活动面向特定消费群体，竞争性强。随着市场经济的深入发展，体育事业的某些领域开始引入市场机制，表现出产业化特征；而体育产业在追求经济效益的同时，也注重社会责任。因此，体育事业与体育产业的界限逐渐模糊且彼此融合。

三、体育事业与体育产业的互动

体育事业与体育产业的关系极为紧密，它们相互依存，共同推动了体育领域的全面发展。体育事业致力于提升国民的健康水平和增强社会凝聚力，通过提供公共体育设施和组织体育活动来增强全民的体质和社会的稳定性。与此同时，体育产业通过市场化的方式满足人们对体育产品和服务的需求，引入竞争机制，激发市场活力，促进经济效益的提升。

自改革开放以来，随着经济全球化的深入发展，体育产业的经济属性逐渐凸显，大部分体育服务和产品都在向产业化或半产业化方向发展。这种转变不仅提升了体育产品的质量和多样性，还通过市场交换机制优化了社会与经济效益的结合，确保了体育事业的公共福利性和体育产业的商业竞争力能够相得益彰，共同促进了国民健康水平的提高和体育行业的繁荣。

在中国，体育事业与体育产业之间的界限经常是模糊的，两者在多个层面上相互交叉有时甚至可以互相转换。这种复杂的关系意味着体育事业向产业化或半产业化转变的具体操作呈现出高度的复杂性，需要针对不同情况进行具体分析和管理。体育事业与体育产业的转换可大致分为三种类型。

（一）完全可以实行产业化运作

某些体育单位的产品和服务在市场上有明确的商业价值和需求，因此完全可以实行产业化运作。这些单位通常包括体育健身服务提供者、体育用品生产和销售公司以及商业体育赛事的组织者。例如，健身房和体育品牌公司通过销售会员卡、健身器材和体育服装来实现盈利。这些单位的商品和服务的价格能够与市场需求相匹配，能够自主扩展市场和增加生产。这种模式不仅能够带来经济效益，还能通过市场竞争激发创新和提高服务质量，完全符合产业化发展的方向。

（二）部分体育事业单位采取产业化运作

对于一些体育事业单位来说，如公共体育场馆和体育学校，它们在市场上的商品价值可能高于实际价格，直接市场运作可能难以覆盖成本。政府可以通过“断奶”策略逐步减少对这些单位的财政拨款，鼓励它们通过引入商业运作元素来增强自身的财务独立性。例如，公共体育场馆可以通过承办商业赛事、出租场地等方式来增加收入。这种部分产业化的策略需要政府通过差额拨款、条件拨款或提供税收减免等政策支持，帮助这些单位在保持公益性的同时，增强经济自立能力。

（三）目前还不可能采取产业化运作的体育事业单位

有些体育事业单位提供的服务公益性强，如体育科研机构、体育人才培养机构和群众体育组织，它们提供的服务具有高社会效益但商品价值不明显，难以通过市场机制直接获得足够的资金支持。这些单位通常需要继续依赖政府的财政支持来维持运营。然而，为了提升这些机构的活力和效率，可以适当引入市场机制，例如，通过合作项目、资助研究或提供有偿服务来探索部分商业潜力，同时确保其主要职能和公益性不受影响。这要求在保持其基本公益属性的同时，逐步探索可持续的发展模式。

在我国体育事业向体育产业的转型和产业化经营过程中，重要的是认识到体育产业化并非适用于所有情况。体育活动具有其固有的公共福利属性，因此，推进体育产业化需谨慎，避免过度商品化和市场化。即便在商品经济高度发达的资本主义国家中，体育服务和产品的完全市场化同样面临诸多挑战，因为它们的社会价值往往超过了可市场化的商业价值。目前，我国体育产业的发展尚未达到满足人民群众日益增长的体育需求的水平。这一现状反映了体育体制与发展之间存在的深刻矛盾，旧有的体育事业体制还未完全适应市场经济的要求。因此，体育产业的进一步发展需要引入竞争机制来增强发展的活力和自身的动力，通过吸引更多的投资者，形成国家、集体、个人、中外合资等多种所有制形式，共同推动体育事业的繁荣。尽管体育产业能够带来经济利益和吸引投资，政府对体育事业的支持也不应减少。国家投资在确保体育公共服务、促进体育普及以及维护体育活动公平性和可达性方面起着关键作用。体育产业的扩张和繁荣应与国家对体育事业的持续投入相辅相成，以保证在追求经济效益的同时不牺牲体育的社会价值和公共利益。

第二章　体育产业与“互联网 +”的融合发展

随着互联网时代的到来，许多智能产品应运而生，这不仅方便了人们的工作和生活，也吸引了各行各业加入其中。中国体育产业诞生于数字时代，具有良好的发展前景和潜力。中国体育产业要想持续发展，必须充分利用互联网产业这一平台，借助“互联网 +”的巨大推动力，实现自身的重构。

第一节　“互联网 +”体育产业的基础内容

一、“互联网 +”体育产业的内涵与分类

“互联网 +”作为创新 2.0 时代下的新业态，代表了信息技术与传统行业的深度融合，促进了新的产业模式的形成。特别是在体育领域，这一概念的实施被称为“互联网 + 体育”，意在通过互联网技术全面改革体育产业的结构和运作方式。互联网不仅是信息时代的产物，还是一个工具性的行业，它极大地便利了人们的信息获取和日常生活。在“互联网 + 体育”的模式下，互联网技术被视为推动体育产业发展的关键手段。这种结合不仅改变了体育产业的商品类型，还促进了企业组织形式的创新、经营管理模式的变革以及盈利模式的多样化。例如，通过互联网平台，体育信息可以广泛共享，体育赛事能够实现更广泛的在线直播，新型体育产品也能通过电子商务渠道达到消费者手中。更进一步来说，“互联网 + 体育”实际上是将体育的各种物质和服务产品、生产者、销售者及消费者整合到互联网这一统一平台上。在这个平台内，不仅产生了新的商品类型，还孕育了新的企业组织形式和管理模式，同时也策划出创新的盈利模式。

根据商品性质的不同，“互联网 +”体育产业主要包括互联网赛事转播业、智能软硬件业、体育垂直电商业、电子竞技业等。中国最传统的赛事观赏途径是

有线电视，在一定时期内曾经的中国中央电视台（CCTV）在体育赛事转播行业一直占主导地位。在迅速发展的中国特色社会主义市场经济下，赛事转播也开始走向私营化、市场化。赛事转播权成为赛事组织的主要收入来源之一，且赛事直播或转播可以大大提升人们对相关媒体的关注度。因此赛事转播权是体育市场上争夺最激烈的资源。智能软硬件是“互联网+体育”最直接的产物，也是“互联网+”体育产业内非常重要的一个行业。智能软件是指方便运动爱好者的各种网站或手机 App 等软件，这些软件可以为消费者提供方便运动的服务，如预约场地、提供社交群以及分享信息等。无论是在淘宝还是在京东都有运动这一大类。专业的运动类垂直电商是不同于这些综合电商的业态，它们没有综合类电商那样的规模，但是却足够专业。它们只售卖运动类商品，有的只售卖一项或两项与运动项目相关的商品，更加注重实现顾客的线下体验、线上购买的方便。电子竞技业并不是指网络游戏业，或者说不只是网络游戏业，而是一种有标准规则的对抗性竞技类运动行业，需要参与者通过不懈努力、团队协作、技战术运用赢得最后的胜利。电子竞技业具有高对抗性和趣味性，对于参与者自身运动能力的要求较低，这使得电子竞技成为不同年龄段人们的共同爱好。随着人们对其概念的正确认识的提高和其固有的庞大的群众基础，电子竞技业必然会成为“互联网+”体育产业的支柱行业之一。

二、“互联网+”体育产业的特征

（一）产品类型的人性化和智能化

在当前的“互联网+体育”新业态中，体育产业的产品可以大致分为服务型产品和物质型产品，两者均处在迅速融入互联网技术的发展趋势中。这种融合不仅提高了产品的技术含量，也极大增强了其个性化特征，更好地响应了以人为本的国家发展战略，符合服务行业可持续发展的要求。

首先，服务型产品的个性化是“互联网+体育”的显著特点之一。互联网的普及极大地便利了信息的搜集与共享，使得体育服务提供者能够详细了解消费者的个体需求和偏好。例如，采用互联网技术的现代健身房能够实时记录会员的健身数据和身体机能变化，并根据会员的健康体检数据提供个性化的运动处方。这种服务不仅科学合理，也极大地提升了消费者的满意度和忠诚度。此外，随着信息技术的进步，新型赛事直播平台、服务性软件及社交软件的功能日益完善，为消费者提供了丰富的选择，满足了他们的欣赏、社交及娱乐需求，并允许用户根据个人特点定制内容和社交环境。

其次，物质产品的智能化是互联网技术对体育产品的又一重大贡献。智能体育设备能够根据使用者的体态特征定制运动程序，实时记录运动数据，不仅保证了运动的安全性，还能有效提升运动效果和体验。这些智能设备的开发体现了技术在满足现代消费者高质量运动体验需求中的应用，同时也推动了体育产品向更高端、个性化的方向发展。

（二）企业主要组织形式的多元化

在“互联网＋体育”的背景下，体育企业的组织形式变得多样化，尤其体现在企业类型的分布上。股份制企业在体育行业中的比例正在不断上升，这一变化主要得益于互联网技术的推动。互联网技术使得企业能够有效整合各类资源，实现对遍布各地的员工的高效管理，这对体育行业来说尤为重要。随着互联网技术的广泛应用，许多体育企业在成立初期或在转型阶段便开始规划大规模的经营战略。追求规模经济的需求促使这些企业转变组织形态，选择公司制作为企业形式，并在成长到一定阶段后通过上市来融资。新兴的体育创业公司往往从一开始就被设立为股份制有限公司，以便能从多个渠道筹集资金，支持其快速发展。

在互联网影响下的新型体育企业，因其属于高新技术产业，其产品研发和创新过程中所需的人力、技术和资本投入极其庞大。这种高成本的运营模式往往使得单靠国内资本难以满足公司发展的需求。因此，许多体育企业不仅在国内寻求资金，还积极与发达国家的企业组织进行交流合作，引入外资以形成多元化的资本结构。这些企业常见的组织形式包括上市公司和中外合资企业等。随着中国体育产业的快速发展，体育创业项目逐渐成为天使投资者和风险资本的关注焦点。许多项目成功获得了系列投资，如 A 轮、B 轮等，这不仅为企业提供了发展所需的资本，也带来了先进的管理知识和市场运作经验，进一步推动了企业的成长和体育产业的整体进步。

（三）企业经营管理模式的创新性

在“互联网＋体育”的环境下，体育企业的经营管理模式经历了深刻的创新和转型，这些创新不仅表现在产品的开发和组织形式的多元化上，更在企业的管理思维、内部制度以及市场营销策略上有了根本性的变革。

首先，体育企业的经营思想和方针发生了显著的变化。在这个以消费者为中心的时代，企业不再单纯追求产品数量的增加，而是更加重视科研投入和产品创新，强调提高产品的科技含量和市场竞争力。这种思想的转变使得企业更加注重研发新产品，追求高质量和高附加值，从而满足消费者对个性化和高性能产品的需求。此外，企业的发展方向也从以往的利益最大化转向以人为本，注重从消费者需求出发，设计和开发更符合市场和消费者期望的产品。其次，企业内部的人才管理和组织结构也进行了创新。采用合伙人制度，将每个员工视为企业的合伙人，实行利益共享和风险共担的管理模式，如盈利分成和员工持股计划。这种制度的实施不仅提高了员工的归属感和责任感，还激发了员工的创造力和工作积极性，极大地提升了企业的整体运营效率和市场响应速度。最后，互联网对企业的营销和市场开发产生了深远影响。互联网提供了一个广阔的营销平台，使得企业能够更加有效地进行品牌推广和产品销售。同时，互联网也成为企业获取市场信息、了解消费者需求和制定有针对性市场策略的重要工具。①

第二节　“互联网 +”体育产业发展现状、机遇与挑战

一、“互联网 +”体育产业发展现状

推动“互联网 + 体育”融合发展，既是孕育全新业态、激发优势动能的重要路径，也是惠及大众的必然趋势。针对“互联网 +”新形态，体育产业要围绕大众健身需求，通过积极引入智慧技术，提升产业效能，拓宽产业发展空间。

（一）技术层面：智慧平台引导产业走向

新型技术正在驱动体育产业的演变，催生出新的发展形态。以互联网和大数据技术为核心的智慧体育服务，不仅提高了体育产品和服务与大众需求的匹配度，还通过科学预测和智能分析，更精准地满足了大众的体育健身需求。例如，大数据健身采集系统能够实时收集和分析用户的体育活动数据，从而提供个性化的训练建议和健康管理方案。② 同时，社交平台和智慧体育应用软件的使用，使得专业的健身指导更加便捷地到达用户手中，形成了一种全新的多形态体育产业发展模式。这些技术的应用不仅提升了体育产业的服务效率，还促进了体育产业整体智能化、信息化水平的提升。

（二）用户层面：体育消费主导产业走向

推动体育产业发展的核心动力在于大众的健身习惯和运动爱好。首先，通过用户思维的影响，建立智慧、融合的体育产业平台，聚集各类优势资源，并以理念创新为基础，重新构建发展模式，从而有效推进产业的发展。其次，利用社交

① 徐英微．“互联网 +”视域下体育产业发展创新研究［M］．北京：中国原子能出版社，2019.

② 沈克印，吕万刚．体育产业供给侧结构性改革：学理逻辑、发展现实与推进思路［J］．武汉体育学院学报，2016，50（11）：29-35.

媒体的力量，使大众成为推动体育产业优质发展的关键力量。通过使用计步类应用和社交媒体平台，大众可以分享和交流自己的运动经验，形成一种新的体育社交模式，使体育运动变成一种广泛的社会互动方式。最后，受全民健康理念的推动，唤醒大众的健身意识，将运动锻炼从一种弹性需求转变为日常生活的必需品。在体育产品研发、健身指导和赛事合作等领域全面发力，提供专业和优质的体育服务，引导体育产业的发展方向。

（三）服务层面：多元服务探索产业走向

为全面践行"健康中国"战略，国家出台了一系列政策扶持体育产业发展。大量企业、技术和市场资本涌入体育产业，丰富了体育服务项目，拓宽了产业发展空间。一是服务主导，产业形态更加完善。目前，各地区以扶持体育产业发展政策为基础，持续优化体育服务项目，激发产业发展活力。通过将优质资源、体育运动与大众需求进行深度融合，全面拓宽了"体育+"发展空间。二是市场驱动，参与力量更加多元。当前体育市场日益规模化、体系化，大量企业、市场资本涌入体育产业，通过建设体育俱乐部、体育产业园和体育公园等场所，为大众参与健身提供了良好平台。[①] 三是产业加速融合，形成了规模化的"体育综合体"。在"互联网+"平台驱动下，围绕"体育+"，将智能体育、体育彩票、体育培训、体育赛事等各类资源融入其中，形成了规模化的"体育综合体"，为体育产业资源价值的最大化开发提供了明确走向。[②]

二、"互联网+"体育产业发展机遇与挑战

（一）"互联网+"趋势下我国体育产业发展的机遇

1. 体育产业与互联网跨界融合与升级

"互联网+"不仅是传统产业与新技术的融合，更是一种力量，是一种促进社会各行各业、各个部门通过技术融合而走向成功的力量。"互联网+"是社会和经济发展的一种撬动力，能够无限发挥新技术的杠杆效应。对于体育产业而言，"互联网+"体育产业是互联网与体育产业的一种跨界、一种融合，是对传统体育产业发展模式和形态的颠覆。它不仅可以扩大体育产业整体的开放程度，也可以推动体育产业全新生态的衍生和发展。

---

① 李东鹏，梁徐静，邓翠莲．"互联网+"背景下休闲体育产业发展趋势、动力和创新路径研究［J］．广州体育学院学报，2017，37（4）：33-36.

② 杨华．"互联网+"背景下体育产业发展趋势与构建模式［J］．当代体育科技，2021，11（20）：147-149.

在“互联网 +”的技术和时代背景下，体育产业的发展拥有了坚实的创新基础。与此同时，竞技体育的发展突飞猛进，而竞技体育更进一步的发展不仅要依靠运动选手的超水平发挥，更要依赖于高新技术的创新与发展。也就是说，互联网的加入，将成为现代体育产业发展的一股强劲的推动力。

在过去的一段时间里，美国职业篮球联赛（NBA）联盟升级了其视频回放中心。这个升级版的视频回放中心的信息处理能力是每秒 3000 亿比特，其中包括高清的图片集和视频流，比之前的处理能力提高了 65 倍。新启用的视频中心包括 94 台平板显示器，其中 32 台为触屏显示器，另外还有 20 个回收站。高新的网络技术和高速网络可以将视频回放技术淋漓尽致地运用于赛制之中，在裁判员执裁和现场直播过程中发挥出显著的作用。这个例子充分展现了现代先进网络技术和经济体育活动的完美融合和跨越发展。基于全新的网络技术，裁判员的判断科学性和准确性得到了极大提高，同时也增强了视频直播的现场效果。这一案例可谓体育竞技赛事与互联网融合发展的经典示范，也是体育产业尤其是体育赛事与“互联网 +”其本质特征的典型表现形式。

2. “互联网 +”驱动体育产业的发展

在当前的时代背景之下，“互联网 +”以一种不可逆转之势进入经济社会发展和寻常生活的方方面面。“互联网 +”作为推动社会生产力发展的力量，注定将推动体育产业在新思维、新技术、新产品方面取得前所未有的发展。

在经济发展压力日益加大的形势之下，中国的体育产业面临重重挑战，要实现转型升级就离不开新思维、新技术、新产品的推动和支持。近年来，随着大数据、物联网、云计算等技术的发展以及芯片技术、通信技术的进步，体育方向的智能硬件发展已初具基础。未来，虚拟现实（VR）、人工智能（AI）也将逐步促进体育智能硬件设备的升级。与此同时，社会大众的生活和消费方式也随着时代变迁渐渐向智能化、互联网化方向持续迈进。在这样的技术和消费背景之下，各大体育公司纷纷抓住商机，向智能化硬件的方向布局。因此，五花八门的体育智能化产品相继面世，产品功能日益成熟，不仅可以实现设备管理、数据统计，还可以实现智能化推荐、个性化定制服务。当然，目前智能化体育产品仍处在发展的初期，市场黏性和用户习惯需要进一步培养，应用场景也亟待搭建。但不可否认的是，智能化体育必将成为未来商业和市场竞争的焦点，较早布局和具有较强实力的公司必将打破现有产业格局，在智能化浪潮中脱颖而出，建立稳固的地位。

在体育产业发展规模不大、活力不足的情况下，“互联网 +”无疑为其发展注入了新的活力。例如，智能设备可以借由外部的压缩裤和其内置的传感器芯片，智能感知和测试运动员腿部肌肉的失衡情况，检测被测试者的股四头肌肌肉比例是否合理，以及是否存在由于习惯因素偏向于锻炼某侧肢体的问题。这样的测试可以诊断运动员训练中出现的问题，帮助运动员矫正技术动作，保证训练效果，同时有效预防运动损伤和肌肉痉挛的发生。毋庸置疑，这一案例充分体现出互联网在改进运动训练手段、提升运动效果上的作用，由此可以窥见“互联网 +”在体育新技术发展中的作用。

此外，“互联网 +”为体育产业的发展提供了广阔的创新创业平台和无限商业机遇。最前沿的科技信息可以借由互联网广泛传播，最先进的体育科技产品也可以通过互联网得到广泛关注。例如，职业篮球俱乐部可以借由其网站及时推送最新产品情况，使球迷第一时间了解产品信息，从而第一时间体验新产品的功能。

3. “互联网 +”重塑体育产业的结构

当前，中国经济社会的各个方面都在发生新的转变，经济升级转型中出现的种种问题正在逐步促使经济改革与结构调整，探索经济发展新的增长点和着力点成为必由之路，可谓大势所趋。

我国体育产业内部结构在发展过程中存在一些问题，而当前又面临新的经济发展和时代背景。在这一背景下，体育产业的结构调整、转型升级势在必行。“互联网 +”战略一方面促进体育服务、产品的数字化管理，使得最先进的信息技术能够应用于体育产业的发展，推动创新的力量在体育产业的实践中发挥作用。另一方面，互联网构建了全新的体育产业信息平台，加速了信息流通和结构流转，从而在一定程度上重塑了体育产业的内部结构，推动了体育产业发展形态、方式、结构的优化升级。这一趋势势必会彻底打破体育产业原有的生态环境，使得产业格局悄然发生变化。以竞赛表演业为例，传统的赛事转播主要依靠电视媒体，而如今则可以通过互联网实现直播。这种变化不仅充分满足了用户的需求，而且提供了前所未有的视听观赛体验，展示了“互联网 +”在重塑体育产业结构方面的巨大潜力。

4. “互联网 +”打通体育产业的要素

作为新型的信息传播途径，“互联网 +”颠覆了传统的传播媒介，成为主流的传播方式。从字面意义上看，“互联网 +”具有互联互通的特点和功效。在体育产业领域，“互联网 +”推动体育服务和产品接受互联网思维方式，促进产品、客户、中介和服务各方面，从而极大降低信息的不对称性，进而节约交易的时间和成本。因此，“互联网 +”不仅具有巨大的价值，而且是打破行业壁垒、促进行业发展的关键。

在我国体育产业中，各方面要素发展不平衡，各细分市场发展阶段也不一致。在已经形成的以“互联网 +”为核心的产业布局中，体育赛事制作与播出环节仍处于初步启动阶段；智能化硬件产品及体育数字化产品的产销市场仍在初步探索阶段；体育产品销售市场正在飞速发展，主要以大型综合电商平台为核心，形成 B2C 及 C2C 等服务市场；以体育影视、体育游戏、体育出版为核心的体育衍生环节也处于高速提升时期。此外，团购业务的火热及在线支付技术的推出也推动了体育产业线上服务的成熟。在线票务服务、线上场馆预订服务等市场的兴起，不仅为消费者提供了更加便捷、高效的服务体验，也为体育产业的数字化转型和升级提供了有力支持。

“互联网 +”与体育产业的相互融合、升级发展，不仅在推动体育科技创新、扩大体育用品销售、拓展体育竞技赛事传播方面发挥了重要作用，还促进了体育康体产业的变革。以现代的智能可穿戴设备为例，其飞速发展已经极大改变现代体育健身、运动训练的方式和效果。例如，一种对运动员训练进行监控的智能设备，通过利用磁力计、陀螺仪和 DPS 等设备和原理，可以实时监测运动员的心跳、血压、加减速、位移、跳跃角度等数据。运动训练的指导员或教练可根据这一系列数据来查看被测运动员的各种指标，提升训练效果，避免运动损伤。这种智能化设备打破了教练和运动员之间的信息不对称，实现了信息互通，从而提高了运动训练效果。这种运动训练信息监测和有效指导的实现，得益于“互联网 +”与体育产业之间的紧密结合。

（二）“互联网 +”趋势下我国体育产业发展的挑战

1. 体育产品走向智能化的难点

尽管智能体育产品如智能篮球、智能篮球架、智能羽毛球拍及各种运动手环等在市场上已经出现，但它们尚未在消费者中普及，面临多重挑战。

第一，智能体育产品本身的技术和应用需要更多突破。智能手机之所以能迅速风靡全球，在于它们不仅提供通信功能，还能运行各种应用，满足用户娱乐、社交等多种需求。然而，当前市场上的智能体育产品功能相对单一，主要局限于监测运动数据如节奏、时间等，缺乏吸引用户长期使用的核心价值。这导致智能体育产品往往只在概念阶段吸引人，而在实际使用中难以展现其吸引力。

第二，市场对智能体育产品的认知和接受还处于培育阶段。大多数消费者对智能体育产品缺乏足够的了解，未将其列入日常购买选项。虽然智能手环等产品在市场中有一定的知名度，但其他类型的智能体育产品则较少为消费者所了解，因此在购买决策中并未被考虑。

第三，智能体育产品的价格普遍较高。许多产品在概念上强调智能化，实际上却未能提供与价格相匹配的功能，导致价格较高，限制了价格敏感的消费者的购买意愿，从而限制了市场的扩大。

第四，缺乏一个完整的生态系统也是智能体育产品发展的一个挑战。正如苹果手机之所以成功不仅在于其硬件，更在于其完整的生态系统，智能体育产品同样需要建立类似的系统来增强用户黏性。目前大多数智能体育产品缺乏足够的应用场景，无法形成与用户生活紧密结合的生态，这限制了它们的市场渗透率和消费者的持续使用意愿。

2. 体育媒体迈向移动化的困难

随着技术的发展和用户行为的变化，体育赛事报道已经从传统的视频和文字新闻报道逐渐向移动化转变。尤其是通过智能手机观看体育赛事，这种形势不仅提高了观看的便利性，也带来了新的挑战。

第一，版权问题是移动化体育报道面临的主要难题之一。国内外多家视频网站在争夺体育赛事的播放权过程中，版权费用急剧攀升，使得许多公司难以负担。此外，盗版和非法直播的问题层出不穷，如何合法、有效地保护和管理版权成为媒体亟待解决的问题。这不仅关系到内容提供者的经济利益，也影响到版权法的执行力度和公正性。

第二，网速和流量是影响移动体育视频观看的一个重要因素。尽管家庭和办公环境中 Wi-Fi 覆盖较广，但在公共场所尤其是移动环境中，如地铁、公交车和郊外等地，高质量视频直播往往受到网速限制，观看体验大打折扣。此外，高质量的视频直播通常消耗大量数据，增加了用户的经济负担。因此，提供更广泛的公共 Wi-Fi 覆盖和优化数据传输技术是提升用户体验的关键。

第三，移动入口的缺乏也制约了体育媒体在移动端的发展。许多传统和网络媒体在移动端缺乏独立的应用入口，通常依赖于微信公众号、微博和新闻客户端等第三方平台吸引流量和用户。而对于视频媒体而言，尽管一些大型平台如优酷、爱奇艺和腾讯等在移动端拥有较强的用户基础，但其他小型或新兴的视频网站在移动端几乎没有入口优势，难以建立起稳定的用户群和实现商业化。

3. 体育商城转向 O2O 模式的问题

在当前电商盛行的市场环境中，体育用品品牌坚持开设实体店的策略体现了对消费者需求的深刻理解。许多体育爱好者仍然倾向于亲自到店体验产品，而非直接在线购买。因此，体育品牌采用 O2O（线上到线下）模式来结合线上的便捷与线下的体验，是满足现代消费者需求的重要策略。然而，实现线上与线下的完美结合并非易事，面临多重挑战。

首先，开设线下体验店对于原本只做线上销售的体育商城而言，意味着显著增加的成本。相反，传统的线下旗舰店若自建线上平台，也将面临额外的开支。即便选择在已有的电商平台如天猫、京东开店，同样需要支付高昂的运营费用。

因此，简单地拥有线上和线下的销售渠道并不能自动转化为成功的 O2O 业务。真正的挑战在于如何将线上线下资源整合，创造无缝的消费体验。

其次，自建电商平台面临流量获取的难题。在天猫、京东等成熟平台上开店虽然能够利用平台流量，但如何在众多竞争者中脱颖而出也是一个问题。平台的流量并不保证平均分配给每一个商家，除非投入资金进行广告推广。对于初期资金有限的商家来说，没有足够的推广预算几乎意味着无法在线上获得显著的销售成绩。

最后，线下的服务体验至关重要。O2O 模式能否成功核心在于线下体验的质量。只有当消费者在实体店中得到满意的体验后，他们才会成为线上平台的忠实客户。然而，许多从事 O2O 的企业往往忽视了这一点，错误地认为通过大规模的市场投入就能吸引并保留客户。实际上，精细化管理和优质的消费体验才是培养忠实客户群的关键。

4. 体育培训挺进线上报名的挑战

随着移动支付技术的普及，如支付宝和微信支付等，体育培训行业正在经历从传统的现场报名向线上报名的转变。这种变革带来了便利和效率，但也面临着几个不容忽视的挑战。

首先，消除用户的信任障碍是线上体育培训平台必须解决的首要问题。对于许多家长和学生来说，他们可能仅通过网站或应用程序了解了培训课程的信息，而缺乏对教学地点的实际考察，包括学校环境、师资水平等关键信息。在这种情况下，家长和学生可能会对线上交易持保留态度。即便他们选择了在线支付和报名，一旦实地考察后发现情况并不符合预期，心理落差和失望感便会影响用户体验，甚至影响到平台的信誉。

其次，尽管线上教育目前非常流行，体育培训依然需要依赖线下实际操作的培训方式。这意味着，尽管线上平台可以提供便捷的报名和支付服务，但真正的用户满意度和培训效果取决于线下培训的质量。良好的口碑和高质量的教学是吸引和保留学员的关键。此外，由于市场上同质化竞争激烈，O2O 体育培训平台必须与多个优质培训机构建立合作关系，以提供高标准的教学服务。

最后，解决线上流量和用户吸引问题同样重要。如果 O2O 平台不能为合作的培训机构带来持续的学员流，合作的持续性和稳定性就会受到影响。对于许多培训课程来说，它们通常具有一定的时效性，如若开课前报名人数不足，可能会导致课程难以如期开展，从而影响整个平台的运营效率和经济效益。

5. 体育社交兴趣化的疑难杂症

要成功打造一个体育运动兴趣社交平台，会面临多重挑战。这些挑战涵盖了用户动机、平台模式、商业化难度和市场竞争等多个方面。

首先，用户动机的多样性对于体育兴趣社交平台是一大挑战。许多用户可能利用体育社交平台寻找浪漫关系而非真正基于共同兴趣的友谊，这可能会导致平台上的互动与社交的核心目标偏离。

其次，体育兴趣社交平台的运营模式存在分化。一种模式是基于体育资讯的线上交流平台，这种模式主要通过提供体育资讯和在线社交功能来吸引用户；另一种模式是更侧重于线下活动的O2O平台，如约朋友一起参加体育活动。后者面临的挑战在于如何有效地组织线下活动并实现商业化。

最后，体育社交平台的市场规模相较于其他社交媒体领域可能较小，这限制了市场的扩展潜力和商业化空间。在这样的市场环境下，竞争将变得异常激烈，只有少数提供独特服务、具有高用户黏性和有效商业模式的平台能够生存和发展。

6. 体育旅游的爆发仍需突破障碍

体育旅游作为一个新兴的市场，正在逐渐成为旅游业的一个重要分支，尤其在提供赛事、探险和休闲等多样化体育活动的旅游景点中表现得尤为突出。然而，尽管体育旅游充满潜力，其快速发展还需突破一些关键障碍。

首先，国内体育旅游市场的成熟度还不够高。为了加速发展，强化互联网的整合力量是关键。目前，虽然“互联网+体育旅游”的概念已被提出，但真正进入这一领域的公司数量还相对较少，这表明当前市场仍处于初期发展阶段，为创业公司提供了诸多机会。

其次，将互联网、体育和旅游三者有效结合并非易事。这一挑战源于不同领域专业知识的融合难度。体育旅游涉及吃、住、行、游、娱及体育资源的整合，这需要跨领域的知识和技能。成功的体育旅游服务提供者不仅要理解体育和旅游行业的具体需求，还要精通互联网技术，以便更好地服务现代消费者的预订和体验需求。

最后，为旅游景点配备必要的体育设施需要大量资金投入，同时还要保证参与者的安全。体育活动尤其是户外运动的固有的风险使得游客安全成为旅游景点必须优先考虑的问题。因此，投资安全设施和制定严格的安全规程是提供体育旅游服务时不可忽视的要素。此外，如何在保证安全的前提下提供刺激、有趣的体育活动，是体育旅游成功的关键。

7. 体育大数据还要迈出层层门槛

体育大数据是“互联网+体育”产业未来发展的核心，但要充分发挥其潜力，还需要解决几个关键问题。

第一，数据积累是大数据应用的基础。在中国，虽然互联网巨头如百度、阿里巴巴和腾讯已在其各自领域积累了海量数据，但体育领域的数据积累却相对滞后。目前尚无企业能够说已经积累了充分的体育运动数据。没有足够的原始数据，进行深入的大数据分析和应用几乎是不可能的。这意味着体育行业需要加强与各类体育活动、赛事、健身设施的合作，系统地收集和整理数据。

第二，技术挑战也是大数据发展的一大门槛。大数据分析依赖于强大的技术支持，包括但不限于数据挖掘、机器学习、数据可视化和自然语言处理等领域的技术。然而，国内在这些技术领域的专家相对缺乏，尤其是在体育大数据的具体应用领域。这需要教育领域和行业共同努力，培养出更多具备相关技术背景的专业人才，并推动技术创新和技术转移。

第三，智能硬件的配合是实现体育大数据应用的关键。通过智能硬件收集个人的运动和健康数据是数据分析的前提。然而，目前国内体育智能硬件产品的市场表现并不理想，这可能是由产品设计、用户体验或价格因素导致的。要提高智能硬件的市场渗透率，就必须解决这些问题，提供更符合消费者期待的产品，同时确保数据的准确性和可靠性。

第三节　“互联网 +”体育消费市场发展现状与策略

一、“互联网 +”背景下体育消费的特征

（一）满足了多样体育需求，使体育消费具有互动性

在“互联网 +”的时代背景下，体育消费活动正变得更加具有互动性和个性化。这种变革在体育服务产品上表现得尤为明显。体育服务产品具有同步性特征，即其生产、交换和消费在同一时间和同一地点进行，这使得传统的体育服务产品无法像物质产品那样进行存储或批量生产，限制了其收益潜力。然而，随着互联网技术的引入和应用，体育消费模式正在经历根本性的变革。首先，互联网技术使得体育产品的生产过程更加注重与消费者的互动。这种互动在产品开发阶段表现为企业可以实时收集消费者的反馈，根据这些数据调整产品功能和质量标准，确保产品更加符合市场需求。例如，体育赛事直播平台可以根据用户的观看习惯和反馈优化其内容和交互界面。其次，定价策略和促销活动也更加注重消费者的体验。互联网平台通过数据分析可以更准确地把握消费者的支付意愿和价格敏感度，从而制定出更有吸引力的价格策略。同时，通过在线营销和社交媒体活动，企业能够更有效地与消费者进行沟通，提高广告和促销活动的效果。再次，销售

渠道和客户服务也在互联网的推动下发生变化。电子商务和移动购物应用不仅使购买过程变得更加便捷，还通过在线客服和社交媒体提供更加及时和个性化的服务。这些渠道的优化大幅提升了消费者的购买体验和满意度。最后，互联网推动企业实现规模经济，尤其是在体育产品和服务的个性化和差异化消费日益增多的今天。消费者通过参与产品或服务的全过程，不仅增加了与生产端的互动，也使得最终的产品或服务更好地满足了其多样化的需求。

（二）改变了消费行为模式，使体育消费具有共享性

在“互联网 +”的时代背景下，体育消费活动不仅仅是简单的购买行为，而是一个包含信息共享和群体互动的复杂过程。传统的消费者行为模型 AIDMA，即注意、兴趣、欲望、记忆、行动，在互联网环境中已逐渐演化成 AISAS 模型，即注意、兴趣、搜索、行动、分享，更加准确地描述了现代消费者的行为模式。

首先，互联网消除了信息壁垒，极大地促进了消费者之间的交流和信息共享，尤其在体育消费领域。现代消费者在决定购买体育产品或服务前，往往会通过网络进行深入的检索和信息搜集，这对应了 AISAS 模型中的“搜索”阶段。与传统模型中直接转向“欲望”阶段不同，互联网使得消费者不再是被动接收信息的对象，而是积极寻找和验证信息的主体。其次，互联网技术的发展使得消费者可以轻松分享自己的消费经验和评价，这不仅影响了其他消费者的决策，也为企业提供了宝贵的市场反馈。这种“分享”行为是 AISAS 模型的核心，它强调消费者在购买之后通过社交媒体、论坛、评论平台等途径分享体验，从而影响其他潜在消费者的行为。这种群体互动和信息的即时反馈增加了体育消费活动的透明度和信任度。此外，体育消费不仅限于个人行为，许多体育活动本质上是群体性的。互联网平台如各种运动社区、健身应用程序等，通过建立社区和完善的分享功能，不仅增强了用户黏性，也鼓励用户主动分享自己的体育经验。这种模式不仅促进了体育产品和服务的消费，也提高了人们参与体育活动的积极性。然而，要实现这一切，互联网平台必须能够提供稳定可靠的服务，确保用户数据的安全，并通过不断创新来满足用户日益增长的需求。平台还需要不断优化其搜索引擎和推荐系统，以帮助用户更有效地找到他们需要的信息和产品。互联网已经极大地改变了体育消费的方式，使其从单向的信息流转变为双向或多向的互动流。在这一过程中，消费者的角色从被动接收者转变为主动参与者和影响者。

（三）优化了主要消费结构，使体育消费具有合理性

在“互联网 + 体育”的新兴框架中，互联网与体育产业的相互作用持续加深，推动了双方的螺旋式上升发展。互联网技术不仅加速了体育产品的生产与分配，也促进了消费结构和消费模式的变革。这些变革进一步推动了互联网技术的革新

和思维模式的转变，从而显著影响了体育消费结构的升级。互联网的应用加快了“互联网 +”商业模式的创新，提高了体育消费供给，加速了体育投资的转型，并改善了体育消费环境。在中国，体育消费结构呈现出显著的人群差异：传统实物型消费仍占有较大比例，但参与型体育消费比例正逐年增加。随着互联网的普及，传统体育消费者正在逐渐转向互联网体育用户。此外，企业正在利用移动互联网技术改造自身的产业链并重新构建与消费者的关系。这种基于用户需求的变革目的在于改变体育参与者的消费模式，通过优化用户体验来实现消费的升级。在体育赛事直播领域，直播技术降低了观赛障碍，吸引了更多的体育爱好者，使得优化赛事直播体验成为许多平台发展的趋势。同时，社会资本加速向体育产业倾斜，如对健身应用 Keep 的投资，这种投资旨在优化体育消费结构并提高体育参与的效率。互联网作为信息流通的重要平台，正在逐渐塑造体育文化属性，并在空间上重塑了居民的体育消费环境，改变了人们的体育生活方式和消费行为模式。因此，“互联网 + 体育”的商业模式正在引导体育消费的合理化发展，促进体育健身、休闲娱乐和体育竞赛、表演业的繁荣，显著推动了体育产业的整体发展和创新。

（四）拓宽了消费的范围，使体育消费具有无边界性

随着信息技术的迅速发展，互联网已经成为新时代信息传递的核心机制，有效解决了信息不对称的问题，促进了更加流畅的沟通。这种沟通的优化推动了跨界和融合的发展，这是“互联网 +”行动计划的关键特征。互联网技术的应用不仅拓展了体育市场的边界，还打破了传统市场在空间和时间上的限制，创建了一种无边界的体育消费模式。互联网的无界特性使体育行业能够与其他产业进行跨界融合，从而扩大了体育消费的选择范围。随着移动互联网、虚拟现实、大数据、智能可穿戴设备、线上票务和智能场馆等技术的发展，体育消费市场进一步得到细化和优化。这些技术不仅改进了传统的体育消费渠道，还与体育旅游、体育广告、体育金融、体育保险和体育培训等相关产业融合，衍生出新的消费选项。这些新兴服务为不同社会阶层的居民提供了量身定制的非标准化体育产品，满足了新时代居民多样化的需求。此外，互联网作为一个全面的连接平台，不仅能够广泛收集消费者的消费信息，还通过大数据和物联网等先进技术进行信息处理，揭示体育消费者的偏好和习惯。这使得体育产品和服务的生产者能够根据这些数据进行精准的生产和市场营销，更好地满足消费者的需求。互联网技术的应用还提升了消费者的购买效率。体育产品或服务的搜索、选择和支付等环节通过技术得到显著优化，极大地提升了消费者的体育消费体验，全面提高了消费效率。

二、"互联网 +"体育消费市场发展现状

（一）"互联网 +"体育消费价值变化

互联网时代，中国体育消费价值发生了显著变化，主要体现在五个方面：第一，互联网技术的支持使得体育产品能在电商平台上进行精细化分类，增强了体育消费的象征性和功能价值。第二，随着社会生活水平的提高，品牌效应在体育产品购买中变得更为显著。[①]尤其是通过互联网和直播带货模式加速了品牌传播，强化了习惯性的品牌消费。第三，非实体消费如蹦极、攀岩等极限运动的比例逐渐提升，表明互联网消费的便捷性和开放性正在改变年轻消费者的消费观念和方式。第四，由于"互联网 + 体育"模式的推广，炫耀性高档消费明显增多，某些消费者追求通过体育消费展示社会地位，这种趋势在互联网时代更加突出。第五，互联网的普及促使体育消费模式从单一化转向多元化，更多体育活动变为人们自由选择的消费形式，从而推动体育产业的发展。

（二）"互联网 +"体育消费的新模式

在互联网技术支持下，我国体育消费模式变得更加多样化，主要体现为以下五个新模式：第一，体育实物产品的 O2O 模式，将传统的线下体育实物产品销售转变为线上销售，融入电商经济元素，从而使体育消费活动在互联网时代取得更好的发展[②]。第二，体育赛事与培训产品的 O2O 模式，将培训企业和赛事举办方发布信息的渠道变为互联网平台，并提供赛事门票、训练场地和培训教练预约服务。第三，互联网体育彩票模式，将传统体彩业务转移到互联网平台线上运作，提高了运作效率，但需要增强服务意识及提高诚信度和公信力。第四，电子竞技及其运动的互联网消费模式，电子竞技平台通过代理竞技游戏产品获得收益，并不断增加基于电子竞技的体育消费多样化，创造更多盈利点。第五，体育版权消费模式，不仅电视媒体购买体育版权，移动互联网运营商也参与版权购买，促使体育教学、科研文化产品版权在互联网环境中得到更广泛的传播。

（三）我国体育消费领域的现状

随着全民健身战略的深入实施，我国民众对体育健身运动的参与热情显著增加，这也带动了体育消费总体规模的显著扩大。然而，在体育消费行业快速发展

---

① 王文茹．"互联网 +"时代大学生体育产品消费现状研究：以惠州学院为例［J］．冰雪体育创新研究，2021（8）：145-146.

② 黄丹，刘树军．"互联网 +"背景下我国体育消费研究数据解读：基于 CiteSpace 可视化分析［J］．当代体育科技，2021，11（10）：1-5.

的同时，亦面临着一系列问题，这些问题在互联网时代的背景下尤为突出。虽然互联网技术极大地促进了体育消费模式的创新，体育消费活动也得到了快速发展，但相关的管理和战略规划仍显不足，这种不足造成了行业内部环境的混乱，不利于体育消费产业的长远和稳定发展。针对当前体育消费产业的挑战，需要从我国体育消费行业的实际发展出发，全面审视和分析存在的问题和实际困境。在互联网技术支持的背景下，通过整合理论与实践，制定出一系列有针对性的解决策略。这些策略包括优化体育消费管理体系、加强行业监管、创新体育消费模式，并通过提升服务质量和用户体验来适应现代消费者的需求。通过这些综合措施，可以推动体育消费产业实现创新转型，有效应对复杂的行业环境，从而在未来实现更加健康和稳定的发展。①

三、“互联网 +”体育消费的市场发展策略

（一）基于生产主体视角

1. 提高产品质量，推动体育互联网产品创新

在现代市场经济中，产品是市场活动的核心要素，特别是在体育消费市场中。一个产品能否吸引消费者注意并激发购买意愿主要取决于其本身的吸引力。科技的进步，尤其是移动互联网的普及，为提升体育产品或服务的质量提供了强有力的技术支持，从而推动了体育消费市场的变革。随着移动互联网的广泛应用，以“互联网 +”为核心的产业互联网逐步成为市场主流，开启了互联网商业化的第二次浪潮。因此，体育消费市场的供应方应借助这一趋势改善体育产品体验和降低消费成本，利用消费者数据和互联网技术来生产和优化体育产品或服务。当前，体育类互联网产品的消费者虽然保留了传统体育消费的基本属性，但互联网的融入也使得体育消费者呈现出年轻化的趋势。在“互联网 +”的大环境下，体育产品或服务的生产应细分体育消费市场，针对不同消费人群的生理、心理和行为特征，关注他们对便捷性、社交性、时尚性等特性的需求，设计和生产个性化和定制化的产品。

观看体育赛事是体育消费的主要需求之一，企业应在发展赛事知识产权（IP）品牌的基础上，注重优化赛事直播观看体验及社交互动。一个优质的赛事 IP 品牌不仅能为参赛队伍和投资者创造价值，还能对体育受众产生深远的影响，并通过产业的跨界融合培育泛体育消费市场，涉及旅游、广告、媒体、教育、地产等

① 普瀚琪. 互联网技术支持下我国体育消费的发展现状与创新策略[J]. 冰雪体育创新研究，2022(6)：173-175.

行业。与国际赛事品牌公司合作，引入国际市场的运作经验，学习其管理机制、人才培养和商业模式。基于此，我们需要挖掘和培育国内品牌赛事，创新赛事发展模式，逐步改变国人的体育观赛和参与习惯。以体育 O2O 为群众体育消费模式的切入点，考虑用户特点和使用场景，设计易用、高黏性的体育类 App，可以有效提升用户体验和市场接受度。

2. 加大宣传力度，吸引更多的体育消费者

随着“互联网 + 体育”的快速发展，体育消费正在经历一场深刻的变革。加强体育类互联网产品或服务的宣传力度是推动这一变革的关键。这涉及两个主要方面：一是通过多渠道营销扩大消费者基础，二是利用新媒体强化体育的健康价值观，以符合现代社会的发展趋势。首先，多渠道营销是吸引更多体育消费者的有效策略。这不仅包括传统的广告媒介如电视和广播，还包括各种在线平台和社交媒体，以及移动互联网应用。例如，通过社交媒体广告、内容营销等手段，可以有效提高体育产品的市场覆盖率和用户参与度。此外，宣传体育活动对健康的益处，可以更好地与消费者的生活方式和价值观念相结合，从而增强体育消费的吸引力。其次，体育消费在互联网时代的扩展需要重新构建消费者的价值观。这包括从基本的健康知识到复杂的消费理念，如理性消费和个性化付费。通过教育和引导，消费者可以从被动的免费消费者转变为主动的付费用户。例如，在社区和学校等地方实施智能体育项目，不仅可以提升体育参与的便利性和趣味性，还能通过互联网技术实现资源的最优配置，提供个性化的体育服务。在实施上述策略时，应确保所有体育消费活动都是科学和健康的。对于不符合现代体育消费标准的做法应予以淘汰或改革。同时，利用“互联网 + 体育”的低成本和高效率特点，逐步将体育服务推广到更广泛的消费群体中，尤其是那些消费能力较低但有体育消费需求的人群。通过政策支持和社会资助，如将体育消费与健康保险计划相结合，可以有效提升这部分人群的体育消费能力。通过全方位的市场策略和社会教育，可以有效促进体育消费的现代化，使其更加符合现代社会的健康和消费趋势，最终达到消费市场的和谐与平衡。这不仅会增强个体的健康意识，还将推动整个体育行业的持续发展。

3. 重视人才培养，促进“互联网 + 体育”的融合

构建一个良好的体育消费市场，离不开专业复合型人才的培养。在任何环境下，对人才的投资都是一种增值过程，不仅能优化个人或产品本身，而且能提升整个社会的发展水平。特别是在“互联网 + 体育”的框架下，互联网思维和技术的掌握成为实现行业跨界与融合的核心。首先，人才培养要从思维方式的转变开始。在“互联网 +”的背景下，传统的思维模式需要向数据思维、平台思维等互

联网思维转变。这种思维的转变对于促进互联网与体育的融合至关重要。因此，从学校教育到企业培训，乃至政府的相关政策宣传，都应着重强调互联网思维的培养。其次，政策支持和优良的培养环境对人才成长至关重要。尤其是体育专业人才的培养，应注重交叉学科的教育和建设，如结合体育科学与互联网技术。高校应优化相关专业的培养方案，形成校企合作的双赢局面，为学生提供实际操作的机会，以便他们能够更快地适应市场需求。最后，建立人才交流平台，加强人才之间的合作和交流。这不仅可以通过提供有竞争力的薪酬和福利吸引高端人才，而且通过培训和进修，全面提升员工的工作能力。此外，企业应建立激励机制，如精神和物质奖励，以激发员工的工作热情和创新能力。

（二）基于政府部门视角

1. 不断加强制度创新，营造良好的市场环境

要想使体育产业成为中国的主导产业之一，并将体育经济培养为国家经济发展的新增长点，需要加强制度建设和完善互联网基础设施，采取一系列具体的策略。首先，政府应认识到互联网与体育融合发展的重要性，并迅速完善相关的法律法规体系。这包括从行政层面改革开始，建立一个统一的体育信息共享平台，确保体育信息的透明度和可访问性。通过完善法律机制来为技术创新和体育商业模式的创新提供稳定的制度保障。这将涉及鼓励产学研协同合作，支持技术和人才的引进，以及促进体育产业的整体创新。其次，为了培育一个健康的“互联网 + 体育”消费市场，应建立良性竞争的环境。政府可以通过提供政策支持和建立市场自主调节机制，帮助市场健康发展。为了确保市场的多元主体竞争，政府需打破可能存在的市场垄断，通过合理的政策引导，防止市场异化和错误导向。这不仅有利于新兴体育产品和服务的快速迭代和优化，也有利于整个体育产业的可持续发展。最后，政府还应考虑到居民的体育需求和市场环境，制定适当的市场竞争政策。这些政策应促进企业在一个有序、科学、规范的市场环境中自由竞争，同时避免过度竞争导致的负面影响。政府的介入不仅要保证市场的健康运行，同时也要引导市场发展方向，确保体育消费活动能够正确地满足居民的体育需求，从而推动整个体育市场的繁荣发展。

2. 建立全民健身服务体系，弥补市场资源的不足

在国家推行的“互联网 +”行动计划中，互联网与政府公共服务体系的深度融合被视为关键步骤，特别是在全民健身公共服务体系的构建中，这种融合发挥了至关重要的作用。通过这种方式，政府不仅可以提升服务效率，还能更加精准地满足民众的体育需求，实现社会管理服务的现代化。首先，政府部门应发挥主

导作用，在建立体育公共服务平台时采取开放的姿态，鼓励社会各界的参与。这些平台不仅能提供体育设施的预订服务，更是集资讯发布、活动组织、健康咨询等多功能于一体的综合体育服务平台。例如，可以通过众筹的方式动员社会资本参与体育设施的建设和维护，同时，通过众包方法让社会力量参与到体育公共服务的具体实施中，如运动课程的设计、赛事的组织等。具体案例包括成都的“体质健康全城约”平台、重庆的“互联网 + 体育”生活云平台和湖北的“去运动”体育公共服务平台。这些模式成功地整合了现有的社会体育资源，通过互联网平台进行统筹、协调和配置，有效地解决了资源分配不均的问题，并提高了资源使用效率。利用移动互联网的便利，可以实现体育赛事信息的即时更新、体育场地的实时预订以及健康管理服务的个性化配置，从而为民众提供更便捷、更个性化的体育服务。其次，政府还应该加强对体育公共服务系统的监管，确保服务质量与安全，同时激励更多的社会资本和技术力量投入体育公共服务领域。通过制定相应的政策和措施，如提供税收优惠、资金支持等，可以促进社会力量的积极参与，推动体育公共服务体系的持续发展。

3. 持续推进互联网普及，加大农村地区互联网设施建设

为了推进农村地区的“互联网 + 体育”消费，我国政府需要采取一系列战略措施以提升农村居民的体育消费能力和意愿。这些措施将有助于整体提升农村居民的体育消费水平。首先，关键在于加强农村地区的体育基础设施建设。政府应引导社会资本，利用已有的存量资源进行改造，如旧厂区和闲置运动场的再利用，以及学校和企业体育场地的对外开放。此外，在具备条件的区域，根据地方特色和需要，可以考虑建立智能体育设施试点，推广“智慧体育”概念。其次，提升互联网基础设施是促进农村体育资源共享和优化资源配置的必要条件。通过与农村电商、物流等其他产业的同步发展，扩大农村的互联网覆盖范围，这将为农村体育产业的发展提供支持。依托互联网平台，建立一个城乡一体化的体育产品或服务供销和物流体系，以提高农村地区体育消费的便利性和可及性。同时，政府和相关机构应通过教育和宣传引导农村居民的体育消费需求，提升他们对体育活动的兴趣和参与度。这包括利用“互联网 +”时代的大众媒体优势，特别是针对青少年群体推广多样的体育参与方式。通过青少年向其他年龄群体扩散体育消费观念，可以有效促进体育活动在农村的普及。此外，开展线上体育赛事在农村具有特别的价值。在线体育赛事不仅能弥补农村举办体育赛事活动的不足，还可以成为推广现代体育消费方式到农村的重要渠道。线上赛事的普及有助于激发农村居民对体育的兴趣，提高他们的参与度，从而逐步释放农村体育消费的潜力。综上所述，通过提升农村体育设施、优化互联网基础设施、教育和激励农村居民的体育参与，以及开展线上赛事等方式，可以有效地提升我国农村地区的体育消费水平，进而提高全国居民的整体体育消费水平。

第四节　“互联网 +”网络体育传媒转型发展策略

一、从“门户网站”向融合媒体的转变

（一）赛事直播方式转换

随着媒体传播技术的演进，尤其是移动互联网的普及，网络体育传媒领域出现了“移动观赛”的新趋势。

这种模式使得观众可以通过智能手机、平板等移动设备随时随地观看体育赛事。网络体育传媒的直播服务已经从依赖单一门户网站转变为多渠道赛事直播，形成了融合不同媒体形式的平台，大幅提升了观赛的便利性和用户体验。这些变革不仅扩大了赛事的观众基础，还提高了互动性和个性化服务水平。

1. 赛事直播模式变革

随着“互联网 +”的推动，网络体育传媒在赛事直播领域经历了指数级的增长，从而提升了现代观众的观赛体验。这种变革不仅使得观众通过多种屏幕（手机、平板等设备）灵活观看体育赛事，也使得传统电视体育媒体的主导地位面临挑战。当下的观众趋向于同时在多个屏幕上进行“媒体消费行为”，这一多任务消费模式已成为普遍现象。因此，赛事直播方式也随之演变，特别是移动端的利用显著增强了观众的参与度和互动性。

“移动观赛”的兴起是技术进步的直接产物。随着移动互联网技术的快速发展，尤其是 App 的普及，体育赛事直播已发展为多渠道、多模式的传播形态。例如，现在的赛事直播不只局限于电视和电脑，还通过手机 App、社交媒体平台进行，极大地扩展了观众群和观看方式。这种多屏幕、多平台的趋势使得体育赛事的观看更为便捷，观众可以根据个人偏好和实际情况选择最适合的观看方式。此外，随着超级 App 的出现和人工智能技术的融合，体育赛事直播正逐步向更加智能化和个性化的方向发展。这些平台不仅提供传统的赛事直播，还能提供数据分析、即时互动等增值服务，进一步丰富了观赛体验。相关调查数据显示，移动端用户的使用时间已明显超过电脑端，这反映出移动端在现代人生活中的核心地位。

2. 体育赛事版权的竞争

随着“互联网 +”的推进，网络体育传媒的发展为赛事转播权市场带来了显

著的变革。腾讯和新浪等大型平台斥巨资获取 NBA、欧洲足球赛事等的独家网络直播权，标志着网络媒体在体育赛事转播权竞争中逐渐成为主要力量。这种变化不仅改变了观众通过电视渠道观看体育赛事的传统方式，也使得“互联网 + 电视”和“直播 + 点播”的模式成为主流。

在这个过程中，网络体育传媒必须通过获取赛事转播权来吸引用户，而电视则依靠再开发已积累的用户群。随着体育市场的逐步市场化，特别是在国务院发布了《关于加快发展体育产业促进体育消费的若干意见》后，市场对赛事转播权的需求迎来爆发式增长。此政策放宽了赛事转播的权限，使得各大网络体育传媒在赛事转播权市场投入重资，力图通过丰富的内容吸引用户。这场“版权大战”不仅挑战了传统电视体育直播的地位，也促使用户的关注点从电视逐渐转向手机等移动端。网络体育传媒的崛起使赛事版权市场进入了激烈竞争阶段，不同平台之间的互补与协同合作也开始显现，为形成符合中国市场需求的体育赛事版权市场提供了动力。这一切都表明，网络体育传媒正在重新定义体育消费方式，并推动体育产业向更加开放和多元的方向发展。

（二）整合与重塑网络资源

在“互联网 +”的背景下，网络体育传媒面临的不仅仅是传统体育赛事转播的挑战，而且是要满足受众对多元化内容的需求。这一需求推动了网络体育传媒从单一的赛事直播转向内容更为丰富的生态系统的构建，涵盖自制节目、社交媒体互动和跨平台合作等多个维度。网络体育传媒正通过整合各类视频网站的资源，并依托其赛事资源，开发自制节目的方式，来增加内容的吸引力和独特性。

同时，结合自媒体和社交媒体功能，网络体育传媒正转变为更加平台化的传播机构。此外，技术的进步如移动互联网、大数据、虚拟现实和智能穿戴设备，为网络体育传媒提供了新的发展方向和机会。这些技术不仅改变了体育内容的生产和消费方式，还增强了观众的互动体验，使得除赛事直播以外的体育节目包装和多元化内容生成成为可能。因此，网络体育传媒的发展趋势不仅是追求更多的赛事版权，而是在保持赛事直播核心优势的基础上，拓展到节目自制、用户交互和技术应用等更广泛的领域，以全面满足受众的多样化需求。

（三）凸显社交需求

“互联网 +”时代的到来引发了体育传媒领域的重大变革，特别是在奥运会这样的全球性体育赛事中，网络体育传媒的发展凸显了明显的阶段性特征。从“图文奥运”到“微博奥运”“视频奥运”，再到“社交奥运”“智能奥运”，每一届奥运会的传播方式都随着互联网技术的发展而进化。

社交媒体的兴起改变了观众对奥运赛事的消费方式。例如，里约奥运会期间，中国女排夺冠的消息迅速在微信朋友圈和微博等社交平台上传播，形成了巨大的讨论热潮。这种即时信息分享和互动，不仅加深了观众的参与感，也使得网络体育传媒成为传统电视体育媒体的有力竞争者。例如，“洪荒少女”傅园慧的超高话题度就是社交传播功能充分发挥的例证。

体育赛事的传播逐步从传统电视转向门户网站、直播平台及社交网络平台。这种转变使得观众不再只是赛事信息的接收者，而是变成了信息的传播者和评论者，从而形成了社交传播的新模式。随着移动互联网的普及，更多的观众通过智能手机参与到体育赛事的社交互动中，使得体育赛事的观看和讨论可以在任何时间、任何地点进行。在这种背景下，网络体育传媒不仅需要关注赛事转播的质量和覆盖面，更应重视如何通过社交功能来增强观众的互动体验和黏性。赛事直播的社交化、互动化是未来网络体育传媒发展的关键方向，这将进一步推动体育媒体行业的创新和发展，同时也为广大体育爱好者提供了更加丰富多彩的观赛体验。

（四）线上与线下相连接

随着“互联网 + 体育”的蓬勃发展，网络体育传媒的角色已远超过传统的媒体，它们逐渐演变为具备全产业链运营能力的综合性体育公司。这些公司不仅仅是赛事的传播者，更是赛事的运营者和营销者，通过整合自身的资源，在体育市场中覆盖主流 IP，深入体育赛事的各个细分领域。

在“十三五”规划和互联网的推动下，中国体育行业经历了显著的增长，尤其是在网络体育传媒领域。这个行业的快速发展被视为拥有巨大潜力的市场，其中赛事服务尤其受到关注。2021 年体育市场推广解决方案的数据显示，体育俱乐部的赞助占到了市场的 33%，体育赛事赞助占 29%，而对运动员的赞助也占到了 29%。这些数据凸显了赛事服务在体育传媒行业中的商业价值和增值潜力。

随着网络体育传媒的进化，各大平台正从单纯的媒体角色转变为全方位的体育服务提供商。这些公司通过整合丰富的产品矩阵和多样的平台资源，不仅提供赛事直播，还涉及赛事的衍生产品和服务，实现立体化传播。这种模式增强了用户参与度和平台吸引力，同时开辟了新的收入渠道。网络体育传媒利用从终端到赛场的策略，不只树立品牌影响力，也深度锁定体育用户，逐步打通体育产业链上下游，构建综合性的产业链公司，为体育产业提供更全面的服务解决方案。

二、网络体育传媒与自媒体的交叉融合

网络体育传媒与传统电视媒体相比，展现了独特的竞争优势和创新发展模式。网络体育传媒利用其平台优势，通过提供丰富的体育资讯、视频节目和深度评论，

构建了一个多样化的内容框架。这种多载体的传播方式形成了一个媒体矩阵，能够更灵活地满足现代观众的多元化需求。进一步地，网络体育传媒通过孵化自媒体和与垂直内容提供者合作，实现内容的扩张。这种合作不仅提升了内容的多样性，还增强了媒体的影响力和吸引力。网络体育传媒平台成为吸引球队、球星、运动攻略和消费建议等优质内容的核心地带。自媒体的融入和扶持成为网络体育传媒的重要策略之一。随着自媒体的机构化和联盟化趋势，其商业潜力被进一步挖掘，从而推动整个体育媒体行业向产业化发展。

（一）开发网民原创节目

在“互联网 +”时代背景下，传统电视体育媒体面临巨大挑战，众多媒体人纷纷转投网络体育传媒，带来了成熟的赛事制作技术和先进的传播理念。这一转变极大地推动了网络体育传媒的发展，缩小了传统电视体育媒体与网络体育传媒之间在质量和专业水平上的差异。网络体育传媒利用自身的技术优势，成功地打造了多样化的自媒体内容平台，通过开发自制的网络原创节目，为观众提供了全新的观赛体验。这些节目不仅仅局限于传统的赛事直播，还包括深度的赛事分析、专题纪录片、互动讨论等内容，极大地丰富了体育媒体的内容形态和观众的参与度。

例如，腾讯体育作为 NBA 在中国的数字媒体独家合作伙伴，充分利用其平台优势，制作了《科比的 8 堂课》这一特色栏目。该栏目通过探讨科比篮球生涯中的关键词如热爱、胜败、领袖等，为观众呈现了一个多维度的科比形象，同时也加深了观众对篮球文化的理解和情感的共鸣。这种个性化、深度化的内容制作，不仅提升了腾讯体育的品牌影响力，也提高了用户的黏性。网络体育传媒的发展还体现在其对自媒体的孵化和支持上。随着互联网技术的发展，自媒体平台也逐渐成为体育传播的重要渠道。网络体育传媒通过提供技术支持和内容合作，帮助自媒体更好地成长和发展，形成了一个互利共赢的媒体生态。这种自媒体与网络体育传媒的合作，不仅促进了内容的多样化发展，还拓宽了体育传媒的受众基础。

随着移动互联网的普及，网络体育传媒的观众群体正在逐渐从电视端转向移动端。这种趋势促使网络体育传媒更加重视移动端的内容优化和用户体验设计，通过 App、社交媒体等平台，实现随时随地的体育赛事覆盖和互动交流，满足现代观众对体育内容即时性和互动性的需求。

（二）培育原创作者

自 2016 年起，网络体育传媒领域及其内部的自媒体部分经历了显著变革，这些平台开始从传统的赛事直播转向更加多元化和互动的内容生产。随着“互联网 + 体育”的兴起，自媒体部门逐渐发展成为行业中的重要组成部分，开始不满足于仅仅提供基础的体育资讯和报道，而是投入创造引人入胜且富有吸引力的原创内容中，其中一些成为市场上的爆款作品，吸引了数千万级别的投资，显示出其在整个网络体育传媒行业中的潜力和价值。

这种变革背后的主要动力是资本市场对原创和具有创新性内容的高度重视，网络体育传媒企业认识到，要在竞争激烈的市场中脱颖而出，必须提供与众不同的内容来吸引和保留观众。因此，这些企业开始大力投入资源培育自媒体内容创作者，致力于开发独特、新颖的节目和栏目，以此塑造其品牌的独特性和市场优势。

网络体育传媒公司在这一过程中还意识到，单靠直播赛事已无法满足所有用户的需求，用户现在期待更加丰富的观赛体验，包括与赛事相关的深度分析、背后故事、互动元素等。因此，这些公司开始发展多样化的栏目和自制节目，涵盖从技术分析到球员访谈的各个方面，确保内容的多元化和丰富性。通过这种方式，网络体育传媒不仅仅是信息的传播者，更成为观众与体育赛事之间互动的桥梁。网络体育传媒的成功转型，尤其是在自媒体内容创作方面的成功，标志着其在全球体育传媒市场中的竞争地位正在上升。这不仅仅体现在内容的独创性和质量上，更体现在能够通过这些内容实现商业价值的能力上。

在“互联网 +”时代背景下，网络体育传媒正迅速改变其发展策略，积极拓展原创内容并通过合作与签约原创作者的方式，进一步巩固和增强其市场竞争力。这种策略不仅包括将优质自媒体内容提升至自制节目的水平，而且通过“造星”计划等手段来增强内容的吸引力和市场的关注度。通过这样的策略，网络体育传媒能够更有效地利用其赛事版权资源，不仅仅是简单的转播，而是通过深度策划和内容创新，将赛事直播与高质量的自媒体内容结合起来，实现内容的差异化和价值最大化。

随着新媒体技术的迅速发展，网络体育传媒必须转变其运作模式，更加注重作为“匠人”的角色，通过提升赛事服务和优化用户体验来满足现代观众的需求。这不仅涉及技术层面的提升，如视频质量的优化和互动体验的增强，也包括在内容制作上追求独到之处，确保传媒平台能够提供更加个性化和定制化的观赛体验。这种对细节和质量的追求有助于网络体育传媒在竞争激烈的市场中独树一帜，同时，它们还需要不断探索和实验新的商业模式和传播策略，以适应数字化快速变化的环境，从而确保其在未来体育媒体领域的持续成长和成功。

（三）平台融合的商业价值变现

随着“互联网 +”时代的到来，网络体育传媒行业迎来了剧烈变革，尤其是自媒体的兴起，这一现象极大地改变了体育传媒的格局。自媒体在网络体育传媒领域内逐渐开始扮演越来越重要的角色，其商业化特性也正在被越来越多地挖掘，以期实现平台融合间的商业价值转化。自媒体的快速发展得益于互联网技术的普及和移动互联网用户的爆炸式增长，这为自媒体提供了一个广阔的发展空间。它们通过创造具有吸引力的原创内容，不仅增强了用户黏性，还通过社交媒体的力量实现了内容的快速传播和广泛分享。

根据企鹅智酷的数据，从2015年起，资本市场对自媒体领域的兴趣显著增加，众多投资者开始向拥有高质量内容和稳定粉丝基础的自媒体平台注入资金。腾讯的“芒种计划”便是一个典型的例子，该计划不仅提供资金支持，还允许自媒体保留其内容产生的全部广告收入，极大地激励了内容创作者的创作热情和持续投入。同时，自媒体的商业模式也在不断演进。随着自媒体平台的数量和影响力的增长，它们开始从单一的内容提供者转变为综合性的媒体企业，涵盖内容制作、用户管理、广告合作和数据分析等多个方面。自媒体的这种模式不仅改变了传统的体育传媒行业的结构，也为体育媒体行业的商业模式带来了新的发展方向。此外，随着技术的不断进步和市场需求的多样化，自媒体在内容创作和分发机制上也不断创新。例如，它们利用数据分析工具来了解用户偏好，定制个性化的内容推送策略，进一步提升用户体验和满意度。这种基于用户数据的内容优化策略，不仅提升了自媒体的市场竞争力，也使其能够更有效地实现商业价值。

三、搭建“平台化”网络体育传媒体系

随着“互联网+”时代的推进，网络体育传媒的发展已经从传统的门户网站式单一模式，迈向一个更为复杂和多元的“平台化”阶段。这种转变意味着网络体育传媒不仅仅是在提供新闻资讯和直播服务，而是在构建一个涵盖视频、社交、游戏、电商等多个互动渠道的综合性网络平台。这样的平台不仅增强了用户体验，通过提供多样的观赛角度和丰富的内容类型，也极大地促进了用户生成内容（UGC）的分享与交流。此外，网络体育传媒的这种新型平台还积极融合社交功能，让观众在观赛的同时，能享受到社交的乐趣。

（一）赛事服务平台

随着互联网技术的迅猛发展，网络体育传媒平台如腾讯体育在引入各种赛事版权（如NBA和中国超级联赛）后，已经从单纯的赛事直播商转变为综合性的赛事服务平台。这些平台不仅提供直播服务，还涵盖了资讯报道、节目制作、用户社交等多个维度，通过这种多元化的服务扩大了用户的参与度和平台的互动性。

腾讯体育利用“两微一端”（微信、微博和移动端）的策略，不仅改变了传

统的观赛体验，还通过提供多角度观赛、高清直播以及与赛事相关的电商服务，为观众提供了丰富的平台互动服务。这些服务构建了一个全面的赛事服务体系，从而突破了依赖单一赛事内容的限制，增加了用户的付费意愿。

腾讯体育的发展策略特别强调了其平台的社交功能，利用腾讯旗下的多个内容和社交平台，如腾讯新闻、腾讯视频和腾讯体育 App，实现内容的多平台分发。同时，结合 QQ 和微信这样的社交工具，增强了内容的互动性和用户黏性。通过这样的方式，腾讯体育不仅增强了用户体验，还能更有效地整合和利用资源，扩大其在体育传媒市场的影响力和竞争力。

（二）全媒体平台

在“互联网 +”时代的驱动下，传统媒体与新媒体间的界限日益模糊，融合发展成为常态。这种变革不仅引入了新的技术和传播手段，还催生了多元化的传播方式，覆盖了从网络到电视等各种传播工具，全面满足了特定受众群的信息获取需求。网络体育传媒在这一大潮中也不例外，已经成为全媒体大生态系统的一部分，通过深度整合各种传播渠道和工具，为受众提供定制化的媒体服务，以达到最优的传播效果。

从技术层面看，网络体育传媒平台已经从计算机端扩展到移动端，使得受众在获取体育赛事信息时体验到碎片化、移动化、社交化的多屏接收特征。这种全媒体平台化的趋势包括视频、直播、社交等多种媒介形式，通过多样的客户端、社交媒体平台如微博、微信等，使受众能够跨越时间和空间的限制，通过电脑、手机、平板等多种设备接收信息。

网络体育传媒通过其独有的全平台覆盖和线上线下的多维发展战略，实现了体育内容的 24 小时全天候传播，从而满足了现代受众实时和随时可访问信息的需求。例如，其多屏平台策略不仅涵盖了智能电视和智能手机，还包括从应用客户端到直播平台的全覆盖，使得网络体育传媒能够充分利用受众的碎片时间，提供连贯而无缝的观赛体验，从而形成一个无缝衔接的媒体生态，为用户提供一站式的体育观赛和互动体验。这种全媒体战略有效地打破了信息传播的割裂，建立起一个满足用户多样化需求的综合性体育传播平台。

（三）体育营销平台

随着“互联网 +”时代的到来和移动互联网的普及，网络体育传媒已成为体育产业中不可或缺的重要一环。这一时代背景不仅带来了技术的革新，也为体育赛事的传播与推广提供了全新的平台。网络体育传媒的崛起，尤其是在我国体育产业进入发展的黄金时期后，使得赛事 IP 与网络传媒之间形成了互利共生的关系，通过网络传媒的广泛介入，体育赛事能够实现其商业价值的最大化。

自国务院印发了《关于加快发展体育产业 促进体育消费的若干意见》后，体育产业的市场化加速，体育赛事直播的垄断格局逐步被打破，网络体育传媒的受众基础不断扩大。这一变化带来了赛事的高收视率和关注度，进而吸引了大量品牌商和资本的投入。通过线上线下的有效整合，网络体育传媒不仅仅是赛事的直播和报道平台，更是一个涵盖赛事版权、场内外广告、赛事赞助及周边产品开发的全方位体育营销平台。

此外，网络体育传媒借助科技和数据优势，构建了一个多层次、多维度的体育营销体系，从而为体育赛事带来更多的发展机遇和创新思路。尤其在体育大赛年，网络体育传媒的营销战略发挥了巨大作用。例如，腾讯体育作为体育营销的开拓者，致力于打造一站式体育营销服务平台，依托自身的平台和技术优势，覆盖了从版权赛事的在线资源、赛事赞助到商业开发及体育经纪等多个层面，推动体育产业的全面发展。

第三章　体育产业与旅游产业的融合发展

体育产业与旅游产业融合最初是由体育企业和旅游企业的创新行为引起的，同时还受到政府部门、非营利组织、高校与研究机构、社会公众等的影响。本章通过对其演化过程、演化路径以及结合融合范式内蒙古地区特点的分析，来探讨体育产业与旅游产业的融合发展。

第一节　体育产业与旅游产业融合的演化过程和演化路径

体育产业与旅游产业的融合过程、融合型产品的生产是由作为行为主体的体育企业和旅游企业完成的。为了构建体育产业与旅游产业融合的路径，有必要厘清企业融合和产业融合的关系，体育企业和旅游企业融合的演化过程，以及体育产业与旅游产业融合的演化过程。根据多普菲（Dopfer）①、尹贻梅等②、王兆峰和杨卫书③、严伟④的研究，演化经济学在解释经济现象时是基于遗传机制、变异或新奇创造机制及选择机制的一系列概念：惯例、路径依赖、遗传、变异、新奇的创造、选择、路径创造。基于这些概念，本书针对体育产业与旅游产业融合，构建了一个从微观向宏观发展的动态演化模型。

① 多普菲．演化经济学：纲领与范围［M］．贾根良，刘辉锋，崔学锋等译．北京：高等教育出版社，2004.

② 尹贻梅，刘志高，陆玉麒．旅游目的地发展新思维：来自演化经济学的启示［J］．地理与地理信息科学，2006（1）：84-88.

③ 王兆峰，杨卫书．基于演化理论的旅游产业结构升级优化研究［J］．社会科学家，2008（10）：91-95.

④ 严伟．演化经济学视角下的旅游产业融合机理研究［J］．社会科学家，2014（10）：97-101.

一、体育产业与旅游产业融合的演化过程

（一）企业融合与产业融合的关系

企业的学习能力是指企业通过对知识学习、吸收和运用以保持企业的竞争优势和创新的能力。[①] 跨产业融合发展是企业的一种创新发展方式，企业学习能力是企业跨产业融合的驱动力，能够显著提高产业融合的效果。一般来说，企业对知识的学习、吸收和运用是通过与其他企业的互动来完成的，进而扩散到整个产业，这种正外部性促进了产业创新和产业融合现象的产生，因此，产业融合必须首先考虑企业的融合行为。同时，企业能动性的发挥是有限度的，其融合行为受到产业发展大环境的影响。[②]

在当前经济全球化背景下，体育产业与旅游产业的融合已成为一种新兴趋势，这种融合通过企业间的微观行为逐渐形成宏观产业整合。根据演化经济学的视角，体育产业与旅游产业的融合是企业自发行为的直接结果，而非外部力量的强制性结果。体育企业和旅游企业通过互动合作，实现了资源共享和优势互补，从而推动了体育旅游这一新兴产业的发展。

具体来看，体育企业为了减少对环境的依赖并获取竞争优势，可能采取将旅游产业元素整合进自身业务的策略，或是通过知识联盟、战略联盟等形式与旅游企业进行协同合作，甚至通过并购、多元化经营等方式直接进入旅游业务领域。这些策略的实施不仅加强了对旅游企业资源的掌握，也使体育企业能与现有的旅游企业及其他体育企业在市场上展开更为激烈的竞争。

旅游企业也不甘落后，受市场需求推动，沿着与体育企业相似的发展路径，增强与体育企业的协同，同时也在竞争中寻求新的发展机会。这种既竞争又协同的关系加速了市场、产品、制度及技术的融合，为创新型融合产品的开发和新兴产业的成长提供了良好的土壤。体育产业与旅游产业的融合过程，可划分为两个阶段：一是体育企业与旅游企业之间的微观融合演化，二是这种微观融合向宏观产业融合的扩散与推广。[③]

（二）体育企业和旅游企业融合的微观演化过程

1. 体育企业和旅游企业融合的萌芽阶段

在融合的萌芽阶段，体育企业和旅游企业的发展经历了“惯例—利润不满意—

---

① 陈国权，马萌. 组织学习：现状与展望［J］. 中国管理科学，2000（1）：67-74.

② 刘恒祥. 旅游产业融合机制与融合度研究［M］. 合肥：中国科学技术大学出版社，2019.

③ 金媛媛，李骁天，李凯娜. 基于企业成长视角的体育产业、文化产业与旅游产业融合机制的研究［J］. 首都体育学院学报，2016，28（6）：488-492.

搜寻新惯例”的演化过程。惯例是企业异质性的体现，它是指企业积累的知识、经验、显性规则、潜在规则、行为方式等。惯例就像是企业的基因，是可以被遗传的，从而使企业在一定阶段内保持稳定。随着竞争环境的变化，当已有惯例不能为其带来满意的利润，甚至成为其发展障碍时，企业就会搜寻新的惯例，或者通过创新活动来研发之前市场上没有的惯例。这是一个变异的过程，可能涉及技术、组织结构、业务内容等。

在 2012 年之前，体育和旅游两个领域的企业分别满足了各自市场的需求，两者之间界限明确，互动较少。这一时期，这两个产业都有较高的市场准入和退出门槛，拥有独立的政策、标准和技术体系。体育企业和旅游企业分别在自己的领域内独立运作，市场、产品、服务和技术间的交互几乎不存在，融合的现象更是稀少。然而，随着 2012 年后人们收入水平的提升和闲暇时间的增多，单一的体育或旅游体验已不能完全满足日益增长的多样化需求。消费者开始寻求能同时提供身心健康、文化体验及自然探索等多重价值的综合休闲活动。为了适应这一变化，体育企业和旅游企业开始探索跨界合作的可能性，通过整合彼此的资源和优势，共同开发能满足复合型消费需求的新产品和服务。这种市场的转变不仅促进了两个产业的融合，还带来了新的业务模式和增长点，为企业提供了新的发展方向和增长动力。

以旅游产业中的旅行社为例，过去，传统旅行社的主要业务就是为游客观光、度假等提供各项服务。然而，随着大众消费时代的到来，与之相关的旅游市场格局也在悄悄地发生变化，正在回归由市场规律支配的正轨，散客成为各大旅行社争夺的对象，特别是中老年市场。与此同时，在线旅游企业迅速崛起，这些企业凭借完善的数据和信息传播优势，以碎片化、个性化、多元化的产品进军市场，使人们原来被压抑的消费需求得到满足。传统旅行社行业面临着市场格局的变化和竞争的挑战，一些企业开始寻求新的市场空间，努力研发新产品。

体育产业中的户外用品企业也经历了类似的转型。黄金发展时期，户外用品行业迅速增长，然而随着市场的饱和和消费的放缓，一些企业开始寻找新的市场空间，探索新的业务模式和发展方向。

上述旅行社和户外用品企业的转型过程正是企业融合萌芽阶段的体现。在萌芽阶段，企业的创新能力较弱，但创新潜力较大，比较容易实现较低层次的融合发展。这一阶段企业主要靠不断“试错”“干中学”的方式进行探索和创新，由于创新的风险较高，企业都比较谨小慎微，创新的规模和层次受到一定的限制。

2. 体育企业和旅游企业融合的扩散与发展阶段

在融合的扩散与发展阶段，体育企业和旅游企业的发展经历了“路径创造—市场选择—形成新惯例”的演化过程。路径创造是一个与路径依赖相对应的概念。一些企业对自身利润不满意时，便会考虑不同的转型方案，创设不同的路径，然而，并非所有的路径都会被市场所选择。选择机制即以市场绩效为标准对多种路径进行筛选。产业融合作为众多路径之一，其结果是生产出融合型产品。由于融合型产品能够迎合市场需求，为企业带来利润，因而成为很多企业的选择，并最终扩散到整个系统。当产业融合成为系统内路径创造的主导路径和潮流时，企业的发展模式中便植入了产业融合这种新基因，并通过遗传机制变成了一种新惯例。

体育企业为了迎合市场的不断变化，采取了融合型发展战略，将旅游产业的元素融入自身业务中，或是通过知识联盟、战略联盟与旅游企业协作，或是通过并购、多元化和设立子公司等方式直接与旅游企业竞争。除了传统的体育企业，新兴的企业也在直接开发体育旅游复合型产品，推动了市场上融合型产品的大量涌现。例如，众信旅游和凯撒旅游等公司利用全民健身、健康中国等国家战略及公众追求健康生活方式的趋势，结合传统旅游的基本要素与新时代旅游的拓展要素，推出了体育商务旅游、体育养生旅游、体育研学旅游等多样的创新型旅游产品。同样，探路者、三夫户外等公司则利用体育旅游的政策利好和市场需求，积极布局体育旅游业务，建立了“户外 + 旅游 + 体育”的生态圈，把产业融合固定为新的经营常态。这些企业的战略选择过程体现了从路径创造到选择再到形成新惯例的典型发展模式。

在这一时期，众多企业的学习和创新能力显著提升，这体现在对于融合发展所需技术的熟练运用上。随着融合型产品的种类日益增多，企业面对的发展环境也变得多变和充满不确定性，它们不得不在不断“试错”中筛选出适合自己的发展路径。市场机制的作用催生了一系列具有竞争优势的融合型新产品，这些产品的成功不仅带动了一批创新能力强、竞争力出众的企业成为行业领导者，还促使这些企业在市场上树立了良好的品牌形象，成为其他企业效仿的“标杆”。这种趋势使得采用融合发展战略的企业数量持续增长，企业层面的融合逐渐升级为行业层面的产业融合。为了推动体育产业与旅游产业的深度融合，部分地方政府采取了合并体育部门和旅游部门的措施，如珠海文化体育旅游局、深圳市文体旅游局等部门的设立。此外，资本市场也开始对体育旅游业态表现出浓厚兴趣，2016年凯撒旅游通过参与某平台体育 B 轮融资间接进入体育产业，众信旅游则与多家企业共同投资成立了天津新动金鼎万众体育资产管理中心，其体育基金规模达到 1 亿元人民币。①

---

① 金媛媛，李晓天，李凯娜. 基于企业成长视角的体育产业、文化产业与旅游产业融合机制的研究 [J]. 首都体育学院学报，2016，28（6）：488-492.

（三）体育企业和旅游企业融合向体育产业与旅游产业融合的传导过程

在一定时期内，由遗传机制导致的惯例可以为体育企业和旅游企业带来满意的利润，使得其他企业纷纷采用这些惯例，进而促使体育产业结构或旅游产业结构形成。但是，随着市场竞争环境的改变，原有的惯例不能满足发展的需要，体育企业和旅游企业开始搜寻或研发新的惯例，进行路径创新，从而产生了企业的多样性，打破了原有体育产业结构与旅游产业结构的平衡，推动了产业结构的变迁。经过一段时间的市场检验和竞争，一些体育企业和旅游企业开始开发体育旅游融合产品，这种选择打破了体育企业和旅游企业在发展过程中的“锁定”状态。一批体育企业和旅游企业在这一过程中脱颖而出，这些企业将新惯例传递给模仿他们的企业，使得融合发展模式在整个体育产业与旅游产业中蔓延和扩散开来，形成了优化的体育产业结构和旅游产业结构。经过体育企业和旅游企业的融合发展，原有的体育产业链与旅游产业链被解构、截取和重构，新的体育产业结构中融入了旅游产业的要素，新的旅游产业结构中融入了体育产业的要素，最终实现体育产业与旅游产业的融合。

二、体育产业与旅游产业融合的演化路径

体育产业与旅游产业的融合是由企业融合的微观层面到产业融合的宏观层面逐步演化的过程。在演化过程中，惯例与遗传机制、搜寻与变异机制、市场竞争与选择机制起到了关键性的作用。体育企业与旅游企业在一段时期内，依靠由遗传机制带来的惯例可以获得较高的利润，随着市场竞争环境的改变，惯例无法再为企业带来满意的利润，企业便启动变异机制，开始搜寻新的惯例。经过市场竞争，最终筛选出融合型发展模式作为新的发展战略。体育企业与旅游企业通过渗透、延伸、重组三种模式，在市场、企业、产品、制度、技术等方面进行融合，形成了新的惯例。部分企业在成为“标杆”企业后被其他企业跟随和效仿，最后将融合型发展模式扩散到整个产业，促使产业结构得以优化，并最终实现体育产业与旅游产业的融合，如图 3-1 所示。

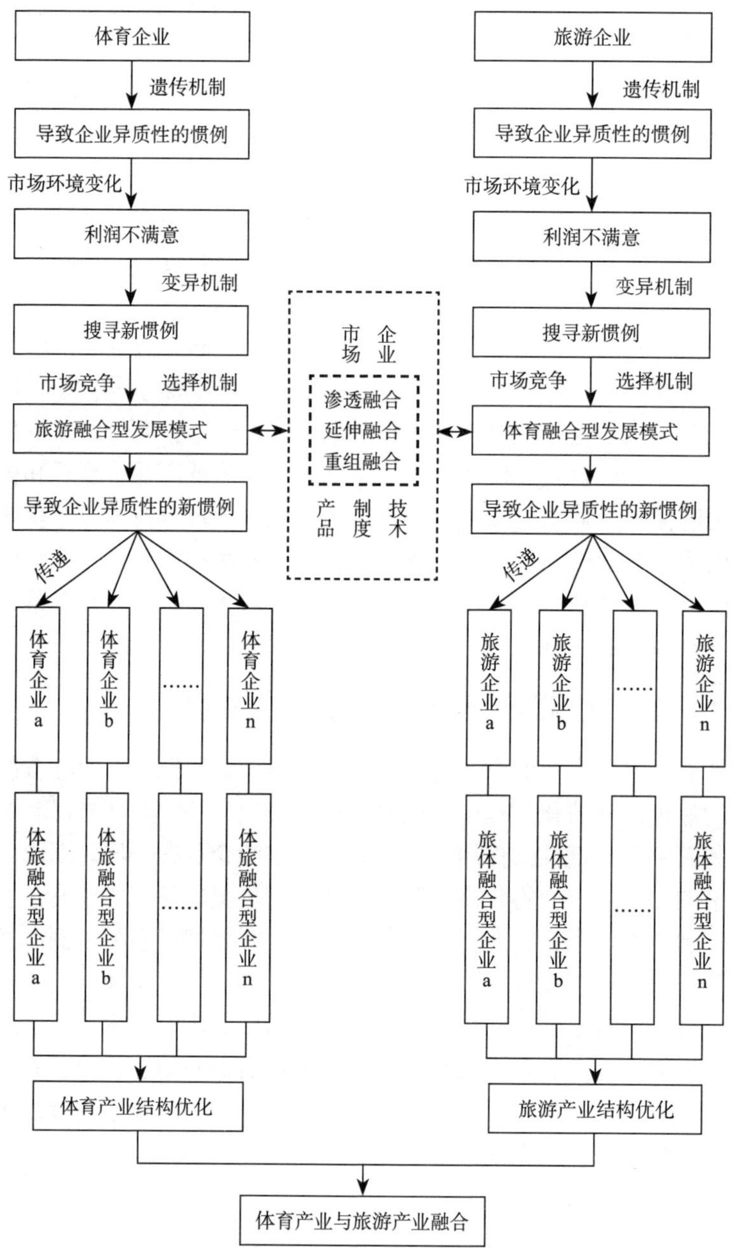

图 3–1　体育产业与旅游产业融合的路径

第二节　体育产业与旅游产业融合的要素与模式

一、体育产业与旅游产业融合的要素

演化经济学注重分析企业演化和外部环境的相互作用，认为企业发展是内外部因素共同作用的结果。企业所处的环境，包括制度环境、市场环境和技术环境，直接影响其成长的范围和速度。根据企业竞争优势理论和资源基础理论，企业的成长与其能有效利用内部资源和外部条件密切相关。在更广阔的层面上，如果将企业所处的环境视作一个包含多个子系统的大系统，则这些子系统包括制度、市场、技术、企业和产品等。这些子系统通过不断的互动影响着企业的行为和决策，从而构成企业的主要生态环境。在这一系统中，不同子系统间主要以协同关系为主导，而各个子系统内部则以竞争关系为主导，形成了产业的动态发展格局。以此为基础，产业本身可视为由多个相互作用的子系统组成的复杂集合体，包括具体的企业、企业提供的产品与服务，以及企业所依赖的技术和市场环境。这种结构不仅揭示了产业内部的动态机制，也说明了产业融合是一种自上而下和自下而上的互动过程，既受到来自产业内部企业竞争与合作的驱动，也受到外部制度、市场和技术变迁的影响。从企业微观层面到产业宏观层面的演化反映了企业在适应和改变外部环境中扮演的积极角色，同时也表明了外部环境是如何塑造产业结构和企业行为的。[①]

产业融合是跨越传统产业界限的多系统竞争与协作活动的结果，[②]涉及各个子系统间的融合。这种活动不单引起子系统之间的结合，也引起制度、市场、技术、企业和产品等多方面的融合，形成了一个动态的产业融合过程。在技术密集型产业中，技术融合尤为关键，它是推动整个产业融合的主要力量，此外，企业融合、产品融合、市场融合和制度融合也扮演了重要角色。从系统理论的角度看，产业融合本身可以被视为一个复杂的系统，其中包括多个相互作用的融合要素。这些要素包括但不限于技术、企业、产品、市场和制度，它们之间的互动关系可以用下面的公式来表达：

$$\text{产业融合之间的互动关系}=\left\{X_i \mid i=1,2,\cdots,n\right\}\cup\left\{\left(X_i,X_j\right) \mid 1\leqslant i<j\leqslant n\right\}$$

① 芮明杰，胡金星. 产业融合的识别方法研究：基于系统论的研究视角［J］. 上海管理科学，2008（3）：33-35.

② 胡金星. 产业融合的内在机制研究［D］. 上海：复旦大学，2007.

X_i代表不同的产业融合要素，其中X_1代表技术融合，X_2代表企业融合，X_3代表产品或服务融合，X_4代表市场融合，X_5代表制度融合；（X_i，X_j）表示这些要素之间的互动关系。产业融合的动态性体现在不同子系统的相互作用和依赖上。这些相互作用不仅影响产业内部的结构和运作，也决定了产业对外部变化的适应能力。

在我国，体育产业与旅游产业的融合被市场需求所驱动。这种需求促使企业跨越产业界限，创造出新型融合产品。政府通过设定相关标准和规范来推动这一融合过程。由于体育和旅游主要属于服务型产业，并不依赖于高端技术，技术因素在此融合过程中仅起到辅助作用。因此，在体育与旅游产业的融合中，影响力按照市场融合、企业融合、产品融合、制度融合到技术融合的顺序递减，它们之间的互动关系可以用下面的公式来表达：

体育产业与旅游产业融合之间的互动关系 $=\{Y_i \mid i=1, 2, \cdots, n\} \cup \{\left(Y_i,Y_j\right) \mid 1 \leqslant i < j \leqslant n\}$

其中，Y_i代表不同的产业融合要素，其中Y_1代表市场融合，Y_2代表企业融合，Y_3代表产品融合，Y_4代表制度融合，Y_5代表技术融合；（Y_i，Y_j）代表这些要素之间的互动关系。

综上，体育产业与旅游产业融合的主要构成要素包括市场融合、企业融合、产品融合、制度融合和技术融合，如图 3–2 所示。

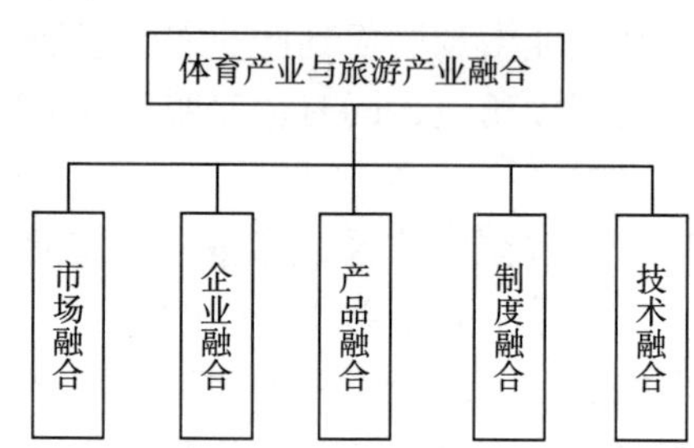

图 3–2　体育产业与旅游产业融合的主要构成要素

二、体育产业与旅游产业融合的模式

模式是系统内部各要素之间的组合方式及运作流程的范式。它包括三个要素：目标、功能和途径。目标是引导系统各要素发展的方向，功能是通过各要素的相互作用引起系统内外某些事物的变化，途径是实现目标及功能的方式。一般而言，产业融合模式是对产业各要素的融合方式及特点的总结性描述。①

① 李锋. 文化产业与旅游产业的融合与创新发展研究［M］. 北京：中国环境出版社，2014.

体育产业与旅游产业作为服务性行业，涉及的领域非常庞杂，加上目前其所处的宏观及微观环境不断变化，因此，不能简单地套用传统产业的融合模式。在特定环境下，体育产业与旅游产业由于融合的动力因素以及资源利用方式的差异，使得各种融合模式呈现出的特征各不相同。体育产业与旅游产业因其特殊性，从企业演化的视角定义体育产业与旅游产业融合的模式如下：体育企业与旅游企业在特定的外部条件和内部资源支持下，在政府干预和市场竞争的双重调节下，通过竞争与协同，获取成长机会并创造新价值的范式。这里的外部条件主要是指政治、经济、社会和技术环境，内部资源是指维持企业竞争优势的人、财、物及无形资源等。

厉无畏、胡汉辉和邢华将产业融合的形成模式分为延伸融合模式、渗透融合模式和重组融合模式。①延伸融合指的是通过不同产业间功能的延伸来实现产业融合，从而形成一个融合型的产业新体系。②渗透融合涉及高新技术产业及其相关产业向其他产业的渗透和融合，从而形成新的产业结构。重组融合则是指产业内部通过重组和整合优化，提升相关联产业的竞争力，以适应市场新需求。本书沿用这些学者的思想，分析渗透融合模式、延伸融合模式和重组融合模式在体育产业与旅游产业的融合过程中是如何表现的。

（一）渗透融合模式

渗透融合模式涉及通过管理或技术创新，使一个产业的部分功能或环节渗透到另一个产业中，从而形成新的业态。这种模式主要用于实现产业间的资源共享和市场扩展，提升整体市场竞争力。在体育产业与旅游产业的融合中，可以具体分为体育产业向旅游产业渗透以及旅游产业向体育产业渗透两种情况。例如，体育产业可以结合旅游产品开发，吸引旅游市场的客户群；反之，旅游产业也可以引入体育元素，如设置体育活动，增强旅游产品的吸引力。这样的融合不仅增强了两个产业的互动性，也拓展了它们的市场边界，形成了互补的商业模式。

体育产业与旅游产业的渗透融合模式主要通过体育企业的多元化战略来实现。需要说明的是，企业实施多元化战略并不一定会导致产业融合，但能够促进产业融合的发生。③当体育企业敏锐地捕捉到市场的需求不断升级，不再满足于单纯的体育消费，而是关注"体育＋旅游"复合型产品或服务时，便试图通过技术和管理创新突破体育产业的边界，开发出各类富含旅游主题的新业务，从而使

---

① 厉无畏．产业融合与产业创新［J］．上海管理科学，2002（4）：4-6.

② 胡汉辉，邢华．产业融合理论以及对我国发展信息产业的启示［J］．中国工业经济，2003（2）：23-29.

③ 胡金星．企业多元化战略与产业融合［J］．中国科技产业，2007（7）：94-96.

体育产业因旅游内容的注入而增加其体验性，也可借助著名旅游品牌的知名度取得更好的市场效果，使原属于本产业边界内的产业价值链活动渗透到旅游产业领域内，形成我中有你、你中有我的产业融合状态。

体育赛事经营与管理是体育产业的组成部分。近年来，随着参赛和观赛旅游市场的形成，一些专注于做体育赛事的企业试图通过多元化战略开拓旅游业务。例如，智美体育瞄准体育旅游市场，积极开展旅游业务。智美集团及其旗下的爱约赛与加拿大艾伯塔省旅游局和班夫国家公园联合，共同推出了加拿大班夫马拉松赛，为中国体育运动爱好者策划了一场接近大自然的马拉松之旅，使他们不仅可以经历酣畅淋漓的路跑，还可以享受独特的户外运动体验。

（二）延伸融合模式

延伸融合模式通过扩展体育产业与旅游产业的互补功能，使两者融合成新的产业形态。此模式使体育产业不再局限于体育活动本身，而是向旅游产业的领域延伸，利用旅游产业的资源和市场潜力，增强体育产业的市场竞争力。通过这种方式，体育产业不只是提供体育活动和赛事，还结合了旅游体验，如运动旅游、赛事观光等，从而吸引更广泛的消费者群体，实现产业的创新和市场的扩展。这种模式的实施有助于体育产业提供新的消费体验和服务，同时也促进了旅游产业的多样化发展。

体育产业与旅游产业的延伸融合模式主要通过体育企业与旅游企业进行战略合作来实现。体育企业的发展往往会受制于体育资源的吸引力、体育服务设施和市场规模，而旅游企业也会受到资源、设施和市场等因素的限制，单靠自身的力量难以满足快速发展的市场需求。因此，不同产业之间需要突破自身的局限，向具有互补功能的其他产业的业务进行延伸和扩展。于是，体育企业和旅游企业便通过签订战略合作协议、建立战略联盟等形式共享资源、设施和市场，以实现企业之间的功能互补。越来越多的企业效仿这种模式，最终使得体育产业与旅游产业的价值链活动环节相互延伸，进而打破各自的产业边界，实现产业融合发展。例如，三夫户外与大庆市文化旅游集团签署了战略合作协议，聚合政府与企业资源，以市场化运作手段经营文化体育旅游企业。大庆市文化旅游集团具有丰富的本地体育旅游资源优势，三夫户外具有丰富的市场运作经验和较强的市场运作能力，两者优势整合，高标准规划和开发本地的体育旅游资源，打造有较大影响力的体育赛事活动。通过延伸融合模式，携手推动当地体育旅游产业的发展，形成规模化运营。

（三）重组融合模式

重组融合模式是通过重新组合不同产业的产品或服务，以形成一体化的新业态，主要用于获取其他产业的资源并获得竞争优势。体育产业与旅游产业的重组融合模式涉及将两个产业的价值链解构成混沌状态，并在此基础上，采用新的价值构造方法，将关键环节重新整合。这样的重组不仅优化了资源分配，也创造了新的价值链，使得体育产业与旅游产业能共同进步和发展，实现了双方的互利共赢。通过这种方式，两种产业可以共享资源和优势，推动新的商业模式和市场机会的产生。①

重组融合模式主要通过体育企业和旅游企业之间的重组实现。当体育企业捕捉到某一与旅游产业有关的市场机会，但是单靠自身的资源和能力难以利用该市场机会时，就有可能通过合并、收购、共同投资等方式，从旅游领域获取资源，并进行整合，从而利用新的市场机会创造新价值。越来越多的企业效仿这种模式，最终引起体育产业与旅游产业的价值链重组，进而打破各自的产业边界，实现产业融合发展。

综合比较以上三种融合模式，延伸融合模式是较为松散的融合模式，由于企业之间不存在资产上的关系，因而融合的程度较弱。渗透融合模式存在设立新业务甚至子公司的可能，因而是一种较为紧密的融合方式。而重组融合模式往往存在重大资产重组的行为，因而融合的程度较强。三种模式的对比情况见表 3–1。

表 3–1　体育产业与旅游产业融合的不同模式比较

融合模式	目标	功能	主要途径	融合程度
渗透融合模式	渗透	提高市场占有率	多元化	中等
延伸融合模式	延伸	优势互补	战略合作	较弱
重组融合模式	获取	获取竞争优势	重组	较强

第三节　体育产业与旅游产业融合的业态

业态这一概念源自日本，描述的是针对消费者个性化需求下的经营策略和服务形态。在《连锁经营理论与实践》中，萧桂森提到业态是在特定战略目标指引下，为满足消费者需求而设计的商品经营结构、店铺规模、位置形态、价格策略和销售方式的综合体现。本书借鉴该定义，探讨了体育产业与旅游产业融合后形成的业态，即两大产业通过融合产生的不同类型产品的功能布局形式。在研究我

① 李锋. 文化产业与旅游产业的融合与创新发展研究［M］. 北京：中国环境出版社，2014.

国体育旅游的发展状况后，识别出体育与旅游产业融合的七种主要业态，包括体育赛事旅游、体育节会旅游、体育主题公园、运动休闲特色小镇、运动度假综合体、高端运动俱乐部以及康养旅游综合区。

一、体育赛事旅游

（一）体育赛事旅游的内涵

随着国务院《关于加快发展体育产业 促进体育消费的若干意见》的发布，赛事审批权逐步放开，我国大型体育赛事举办的次数越来越多，吸引着大批的体育迷前去参赛或者观赛，他们在参赛或观赛的同时还能观赏主办地的自然风光，体验当地的风土人情，于是体育赛事旅游应运而生。霍尔（Hall）将体育赛事旅游定义为“出于非商业的目的，离开常住地去参加或观看体育比赛的旅行”。[①] 宋书楠将其定义为“到异地去观看或参加体育比赛而产生的旅游活动”。[②] 基于上述定义，叶新才认为，体育赛事旅游的吸引物包括体育赛事、体育赛事设施、体育赛事文化和体育赛事配套活动。[③] 体育赛事旅游是一种促进区域经济发展的新思路，有效地将体育与旅游两种元素深入融合，充分发挥体育赛事的节庆效应与旅游活动的辐射效应，可持续推动赛事举办地经济、社会、文化等方面的发展。

体育赛事旅游体现了体育赛事与旅游的完美融合，一方面在于它突出了体育赛事这一主题，具有较强的可观赏性和愉悦观众的特点，是人们前往赛事举办地的最重要的吸引因素；另一方面在于旅游者在从常住地到赛事举办地多多少少都花费了一定的代价（如交通费用），根据“效益最大化原则”，大部分人都会连带参与其他活动，旅游活动因为其令人放松、愉悦的特点，往往成为人们的首选。赛事开始之前众多媒体的报道和举办城市的推广，以及举办城市软硬件设施的改善，都会极大提高赛事举办地的知名度和吸引力，使得参加或观看体育比赛的人们同时也成为赛事举办地的外来客源，使体育赛事产生附带旅游效应，对赛事举办地的旅游产业产生积极影响。现阶段，积极促进体育赛事旅游发展对我国有着重要价值，有助于形成新的经济增长点，带动区域内各行业的发展。

① Hall C M, Weile B. Special interest tourism［M］. London：Belhaven Press，1992.

② 宋书楠. 试议体育赛事的旅游开发［J］. 北京第二外国语学院学报，2002（6）：35-38.

③ 叶新才. 体育赛事旅游产业化路径研究：以厦门国际马拉松赛为例［J］. 山东体育学院学报，2014，30（3）：11-16.

（二）体育赛事旅游的案例

2023 年 8 月 8 日晚，第三十一届世界大学生夏季运动会（简称“大运会”）闭幕式在成都露天音乐公园举行。这场国际青年体育盛会不仅吸引了来自 113 个国家和地区的 6 500 名青年运动员，还为成都这座有着 3 000 多年历史的城市留下了浓墨重彩的一笔。赛事举办期间，成都旅游订单量同比增幅近 140%，餐饮堂食订单量同比增幅超 150%，显示出大运会带来的旅游和消费热潮；从 7 月 22 日到 8 月 8 日，境外旅客购物离境退税销售额达 407 万元，显示出赛事对经济的带动作用；天府新区构建了水上“体育 +”消费场景，兴隆湖水上运动中心开放，提升了地区基础设施水平；大运会期间，官方特许商品热销，淘宝店和抖音店的文创产品销售火爆，带动文创产业的发展；大运会提供了丰富的文化体育活动，提升了本地居民的生活品质，并通过发放消费券和推出新场景促进文旅消费。通过举办大型体育赛事，成都成功提升了国际知名度，吸引了大量游客，带动了区域经济增长和基础设施完善，促进了各行业的发展，并满足了居民多样化需求。由此可见，通过举办具有体育特色的“标志性事件”，不仅能够增加地区的曝光率和知名度，还能结合旅游业态吸引更多游客，促进区域经济的增长和地区影响力的提升，同时完善相关基础设施并带动区域内各行业的发展，满足居民对体育和旅游的多样化需求。

世界顶级体育赛事如奥运会和世界杯因其规模和影响力，能够为赛事举办地的旅游业带来显著的推动效应。作为全球最大的体育盛事，奥运会对举办地旅游业的推动作用尤为显著，不仅在举办期间吸引了大量游客，还能持续数年促进旅游业的增长。奥运会赛事举办地在比赛期间及之后成为全球关注的焦点，大幅提升了其作为旅游目的地的吸引力。全球著名调查机构尼尔森公司（Nielsen）分别选择 2008 年奥运会开幕式结束后和闭幕式结束后两个时间节点，对全世界 16 个国家的消费者进行问卷调查，结果显示，在所有受访者中，有 80%的消费者在奥运会举办之前没有到访过中国。而奥运会结束后，超过 1/2 的受访者期待到中国旅游。这一调查结果表明，2008 年北京奥运极大提升了中国的国际旅游形象。世界杯的旅游影响力也非同小可。根据天巡与携程旅行网共同发布的数据，2018 年俄罗斯世界杯吸引了来自 83 个国家的近 60 万观赛球迷。这些球迷在观赛之余大多数都会在莫斯科旅游。由此看出，促进体育赛事旅游发展是国际趋势，是实现地区可持续发展的有效途径，有利于加快体育产业与旅游产业资源协同整合，推进区域经济转型升级。

二、体育节会旅游

（一）体育节会旅游的内涵

体育节会旅游是一种综合旅游形态，它结合了体育节庆和体育会展两大主题，旨在通过大型体育事件来推动当地的文化展示和经济增长。[①]这种旅游模式不仅是一种观光活动，而是一个文化和经济发展的多功能平台。通过精心组织的节庆和会展活动，体育节会旅游不仅能够展示举办地的独特文化和自然景观，还能提升该地区的品牌影响力和知名度，吸引国内外游客。这些活动通常包括各种观赏性高的比赛、休闲体育活动以及与体育相关的会议和展览，旨在提供全方位的娱乐和互动体验，从而有效促进当地体育和旅游行业的融合发展。

（二）体育节会旅游的案例

近年来，以中国体育文化博览会、中国体育旅游博览会为依托的体育会展旅游成为我国颇具影响力的体育会展旅游活动。自 2007 年开始至 2023 年，我国先后在上海、成都、广州等地连续举办了 17 届。每一届博览会都会根据举办地的地域特色和经济发展战略确定不同的主题，通过政府引导和社会化、专业化、市场化的运作方式，宣传、推广当地的体育旅游资源，并评选出体育旅游精品目的地、精品线路、精品景区和精品赛事，促进各地体育产业与旅游产业的融合发展。

湖南省体育旅游节已经成为湖南省旅游的一个品牌节会，举办该活动的目的在于推动湖南省体育与旅游两大产业的融合发展。该节会设置了音乐嘉年华、热气球、动力伞表演、瑶王宴、帐篷夜宿、非物质文化展演、航模表演、水上摩托艇表演、水幕电影等休闲体验活动及表演活动，举办了广场舞大赛、欢乐健康跑、“一带一路”国际交流趣味运动会、半程马拉松、电子竞技大赛、航空航模比赛、无人机摄影大赛、公开水域游泳大赛等竞赛类活动，同时还设有体育旅游高峰论坛，对创新湖南体育旅游新业态、推动体育旅游产业做大做强起到了积极作用。

保宁泥浆节始于 1998 年，是一场为期 7—10 天的具有韩国民族风格的体育代表性庆典，被韩国文化体育观光部评选为韩国最佳庆典。节日期间，在韩国保宁长达 136 米的海边滩地上，设置街道游行、快艇游行、泥浆宣传馆、特产展示销售、泥浆超级滑垒、泥浆摔跤大赛、沙滩马拉松大赛、泥浆彩绘、泥浆按摩等活动。没有人很喜欢在泥浆中滚动，但每年却有 200 多万来自世界各地的人参加

① 于健，李建民. 山东半岛蓝色经济区节会集群与体育旅游圈耦合研究［J］. 山东体育学院学报，2015，31（3）：31-35.

保宁的泥浆节。由此看出，体育节会旅游强调将欢乐、休闲、竞技、文化等要素相结合，能够延展体育旅游产业链，辐射更多的休闲产业服务领域，为国内外游客营造欢乐有趣的体育旅游氛围，满足人们对体育、娱乐、旅游的需求。

三、体育主题公园

（一）体育主题公园的内涵

体育主题公园是指以体育文化为主题，向人们提供科学、安全、专业的体育运动设施，并满足人们旅游赏景、休闲放松需求的城市公园。大部分体育主题公园设有综合服务区、运动休闲区和景观欣赏区。综合服务区是指供游客就餐、休息和娱乐的区域，多设置在公园的入口处或者多条主干道的交汇处。运动休闲区因地形、地质和地貌不同而设置不同的运动项目，配备相应的运动器材。景观欣赏区多以自然景观为主，辅以人文小品，与休闲健身设施在功能上互补，游客可以将景观欣赏和健身休闲融为一体，达到生态健身的效果。①

（二）体育主题公园的案例

一些发达国家的体育公园在20世纪就已经蓬勃发展。相比之下，我国体育主题公园建设起步较晚，但随着居民可自由支配收入提高、可自由支配时间增加，以及经济转型带来的内生性机会，特别是全民健身国家战略出台之后，我国体育主题公园发展十分迅速。作为主题公园的重要分支，体育主题公园借助旅游产业大繁荣和体育产业大发展的背景快速兴起，代表性的案例有北京奥林匹克公园、上海闵行体育公园、常州飞龙运动休闲公园等，这些体育主题公园的设计融入生态、时尚、和谐、包容、健康等理念，强化运动休闲功能，深受游客和本地居民欢迎。

欧洲体育公园大多具有自然式风景园林的特点，拥有大面积的水面或草坪以及随地形起伏的公园骨架，体现出自然、开放、生态的理念。以英国摄政园为例，其原为皇室猎场，占地160余公顷，是伦敦规模最大的户外运动公园。环绕公园有多处山坡、草坪、湖泊，以及围绕这些景观建设的健身步道。大面积的草坪为人们提供了环境优美的天然运动场地，包括足球、橄榄球、垒球、长曲棍球、板球等运动项目的场地，成为集运动、休闲、娱乐于一体的老少皆宜的体育主题公园。总体来说，国外在体育公园配套设施、规模指标、规划布局、园林设计等方面有明确的定位与规定，室外运动设施居多，运动项目紧随时尚，将公园的发展作为区域旅游发展的引擎之一。

---

① 曹晓东. 城市儿童体育主题公园建设的研究［J］. 体育与科学，2010，31（2）：37-40.

四、运动休闲特色小镇

（一）运动休闲特色小镇的内涵

2017 年 5 月，国家体育总局发布了《关于推动运动休闲特色小镇建设工作的通知》，通知中明确提出建设运动休闲特色小镇的战略方针。这些特色小镇旨在通过体育活动项目来整合体育、旅游和文化资源，进而形成一个集体育旅游产业群和产业生态链于一体的主题生活区。这种小镇不仅融合了多种产业，还能显著促进当地的社会经济发展。[①] 在“健康中国，全民健身”的政策推动下，体育旅游成为小镇发展的新方向。例如，浙江省推出了以体育旅游为核心的“产城融合”战略，计划培育 3—5 个以体育产业为主的特色小镇。而京津冀地区，借助 2022 年冬季奥运会的契机，也在积极打造具有冰雪运动特色的小镇。这些小镇不仅是新型城镇化与体育产业发展的互动成果，也体现了供给侧结构性改革背景下体育产业的跨界融合与实践探索。

（二）运动休闲特色小镇的案例

太舞滑雪小镇，坐落于 2022 年冬奥会的雪上竞赛核心区，是我国目前规模最大的综合滑雪度假区。便捷的交通连接使从北京到太舞仅需 1 小时的高铁旅程或 2.5 小时的自驾路程。该小镇不仅提供滑雪活动，还在夏季推广多样的户外活动，如山地自行车和营地教育活动，实现全季节运营。自 2016 年 7 月起，太舞小镇启动夏季运营项目，包括休闲露营、定向越野、卡丁车、山地骑行、彩色跑等，成功吸引了大量访客。同时，小镇与多个户外教育和旅游组织建立了合作关系，确保全年持续的客流和活动的多样性。太舞滑雪小镇还大力发展体育旅游与赛事相结合的商业模式，定期在小镇举办包括全国定向越野挑战赛、斯巴达勇士亚太区锦标赛、BMW 自由式滑雪雪上技巧世界杯、全国单板滑雪平行项目锦标赛及 U18 青少年锦标赛等国内外重要赛事。这些赛事不仅增加了小镇的知名度，也提高了其在体育旅游领域的专业性。依托得天独厚的地理优势和丰富的自然资源，太舞滑雪小镇致力于开发适合所有季节的体育旅游项目，从而成为一个备受瞩目的四季度假胜地。通过这种全面发展的策略，小镇不仅为游客提供了一个集体育、娱乐、休闲为一体的全年旅游目的地，同时也促进了地区经济的增长和体育旅游的普及。

位于新西兰东南部的皇后镇是世界闻名的旅游度假胜地，有“户外活动天堂”

---

① 张潇潇．互联网＋视域下的“体育小镇”构建研究［J］．南京体育学院学报（社会科学版），2017，31（4）：18-22.

和“世界探险之都”的美称。小镇总人口仅有 2 万左右，但每年的游客接待量高达 200 万人次。皇后镇地理位置优越，瓦卡蒂普湖和阿尔卑斯山环绕四周。四季分明，每一季都各具魅力，春季花团锦簇，夏季碧空如洗，秋季层林尽染，冬季银装素裹。皇后镇优越的生态环境、优美的自然风光吸引了众多电影、电视剧组在此拍摄。皇后镇并不满足于依靠自然禀赋吸引游客前来观光、度假，而是寻求创新发展之路，利用其独特的自然地理优势，发展“旅游 + 体育”，将户外运动作为旅游开发的核心元素，打造世界一流运动休闲特色小镇。小镇充分利用高山峡谷、水流湍急、雪量丰富、雪质优良等优势，开发高空弹跳、跳伞、蹦极、激流泛舟、快艇、漂流、溯溪、攀瀑、攀岩、山地自行车、滑雪等带有挑战性、刺激性、探险性的户外运动项目，吸引了众多来自世界各地的户外运动爱好者。皇后镇利用其丰富的地形地貌，围绕户外运动发展体育旅游产业，变静态的、传统的自然风光为动态的、时尚的户外旅游活动，推动旅游产业持续繁荣。

五、运动度假综合体

（一）运动度假综合体的内涵

运动度假综合体是以体育运动为主要元素，具有康体健身、娱乐休闲、旅游度假、健康食宿、商务会议等多元功能的综合型休闲度假区。[①] 其主要元素包括运动休闲服务、度假住宿和景观环境，使人们既能够欣赏美景、放松身心，又能康体健身，感受和谐之美。运动度假综合体按照出行目的可分为商务型、亲子家庭型、综合型。其中，商务型以高端运动活动为主题，主要有马术、高尔夫、滑雪等运动项目，其作用为商业接待、谈判及会议。亲子家庭型因满足家庭运动休闲需求而产生，其运动方式覆盖面广，服务内容多元。综合型主要面向大众体育旅游，在配套设施上较为完善，服务质量较高。

（二）运动度假综合体的案例

深圳观澜湖高尔夫度假中心被评为国内档次最高的高尔夫运动休闲度假中心，其拥有的高尔夫球会因规模之大被载入“吉尼斯世界纪录”。该度假中心占地约 20 平方千米，绿地覆盖率达 99%，拥有 80 多万平方米的湖泊和 200 多万平方米的绿色山体，集运动体验、休闲度假与商务会议功能于一体，平均每年的游客量达到 180 万人次之多。落户于中国莫干山的郡安里君澜度假区，拥有全球首个发现（Discovery）探索极限基地和中国最大的户外山体攀岩墙，是莫干山最

---

① 杜颖，孙葆丽. 冬奥会举办地可持续发展研究：以温哥华惠斯勒度假区为例［J］. 体育文化导刊，2018（2）：23-28.

大的旅游度假综合体。度假区依山形地势而建，“动区”和“静区”界线分明。“动区”包括集散中心、酒店、大草坪、马场和Discovery探索基地，运动项目包括丛林滑索、攀岩墙、高空网阵挑战、计时越野挑战、地面障碍、徒步探索、荒野求生体验、热气球等。“静区”设有酒店、特色庄园、童趣中心和康养中心。

位于首尔东南约400千米处的普门湖旅游度假区地处韩国庆州市，占地面积约1033公顷，于1979年4月开始营业，是一处综合性的运动旅游度假区。度假区以高尔夫运动和温泉休闲为特色，内有观光中心、高尔夫球场、旅游饭店、综合性商店、游船停泊处、露天舞台、美术馆、庆州世界、汽车剧院、温泉等设施，均是韩国传统建筑的风格。温泉水质优良，平均温度为35—36℃，游客可直接享用。露天舞台在每年的夏、秋、冬三季都会举行韩国国乐演出，游客可免费观看。湖边设有健身步道，道边樱花树长势茂密，每年4月樱花绽开时，健身步道落英缤纷，令人赏心悦目。普门湖旅游度假区是在世界银行的资助和韩国政府的支持下建成的，经过多年的建设和发展，现已成为一个成熟的湖滨型运动度假区。普门湖旅游度假区的兴建促进了庆州基础设施的完善，为当地居民提供了大量的就业机会，间接地保护了庆州地区的历史、文化资源，湖区环境得到了明显改善，为庆州带来了显著的经济效益、社会效益、文化效益和环境效益。

六、高端运动俱乐部

（一）高端运动俱乐部的内涵

高端运动俱乐部是专为提供高档体育服务而设立的机构，分为专注于单一体育项目的单项俱乐部和提供多种体育项目的综合俱乐部。例如，马术俱乐部专注于马术运动，而军事体育俱乐部则包含多种军事相关的体育活动。[①] 这些俱乐部不仅提供专业的运动场地和设备，还配备了经验丰富的技术指导人员和按照顶级专业标准配置的教练团队。除了运动设施，高端运动俱乐部还设有度假别墅和休闲会所等休闲娱乐设施，既能满足专业运动队的训练和比赛需求，也服务于广大群众的体育活动。这种俱乐部基于高专业技能要求的体育项目，为游客提供一站式的运动、度假和休闲体验，代表了一种高端的体育旅游产业形态。在中国，尤其是沿海地区，高端运动俱乐部的发展正逐渐兴起。如青岛银海国际游艇俱乐部、大连星海湾国际游艇俱乐部和上海大都会游艇有限公司等，都是专注于游艇运动的国际级俱乐部。此外，还有专门的冲浪、滑雪、高尔夫和赛车俱乐部，它们都体现了高端运动俱乐部的典型特征：高档次、高标准和重资产。这些俱乐部为客

---

① 刘华荣，刘良辉. 全民健身时代户外运动俱乐部的发展思考［J］. 体育与科学，2013，34（1）：99-103.

户提供了专业和个性化的服务，目前在中国仍处于积极探索和发展阶段。

（二）高端运动俱乐部的案例

坐落于上海奉贤海湾的松声马术俱乐部，是一所按照五星级标准兴建的大型马术俱乐部，集马术运动、旅游度假、特色食宿、娱乐休闲、商务会议等功能于一体。俱乐部占地约 10 万平方米，环境优美，按照徽派古典园林风格设计，传统与时尚元素有机融合，十分独特。俱乐部配备了国际标准赛场、速度跑道、室内训练场、室外训练场、自动遛马机、马匹调教圈等专业马术场地和设施，定期举办各项马术比赛，由资深马术教练为会员定制个性化的马术训练方案，并给予专业的指导。该俱乐部倡导时尚、至尊、健康的生活理念，相关配套设施完善，包括多功能会议厅、桑拿房、棋牌室、观景楼、别墅房、中式餐厅等，提供多元的选择和专业的服务。

摩纳哥游艇俱乐部于 1953 年由摩纳哥王子雷尼尔（Prince Rainier）创立，是全世界规模最大的游艇俱乐部之一，有欧洲“赛舟会中心”之称。该俱乐部的会员来自全球 60 个国家和地区，包括英国王储、剑桥公爵等。俱乐部主张捍卫贵族传统，保护地球环境，设置严格的入会标准，需要有两名赞助商会员引荐，熟知航海知识，掌握良好的驾艇技术。游艇在摩纳哥是精致生活方式的代表，与人们的居所、休闲、运动、消费密切相关。每年 9 月，摩纳哥游艇俱乐部都会举办全球最大的专业游艇展，展会船艇阵容强大，海事设备齐全，是业内专家和游艇爱好者热烈追捧的年度盛会。

七、康养旅游综合区

（一）康养旅游综合区的内涵

根据国家旅游局（现为“文化和旅游部”）发布的《国家康养旅游示范基地》行业标准，康养旅游的目标是通过康体健身、修心养性和营养膳食等方式，帮助人们在身体和精神上都达到更健康的状态。在这一标准的指导下，康养旅游示范基地被划分为两个主要区域：核心区和依托区。核心区专注于提供丰富的康养旅游资源和服务，包括但不限于康复治疗、疗养设施、健康体检等；依托区则提供信息咨询、公共休闲、旅游安全和康养教育等支持服务。这一标准的制定旨在通过整合各地康养资源，推动构建一批具备完备产业要素、完整产业链以及优质公共服务的综合型康养旅游目的地。[①]

---

① 国家旅游局公告 2016 年 1 号《国家康养旅游示范基地》行业标准［EB/OL］.（2016-03-11）［2024-02-03］. http://www.cmw-gov.cn/news.view-651-1.html.

遵循可持续发展理念，我国提出了生态文明建设的相关要求，与传统旅游行业相比，康养旅游倡导健康、生态、环保、绿色等理念，强调生态与循环经济。有学者认为，康养旅游是一种全新的生活及旅游观念，是一种既能陶冶情操、愉悦身心，又能强身健体、亲近自然的专项旅游方式，旨在提高人们的幸福感与满足感。[①]康养旅游产业契合新时代发展要求，蕴含巨大的产业潜力，各地区建立康养旅游综合区符合人民群众的根本利益，是新时代背景下供给侧和需求侧改革的必然要求。以健康为核心，结合旅游、体育、文化等元素打造康养旅游新格局，能够推动地区经济、生态、文化等领域全面发展。

（二）康养旅游综合区的案例

位于四川省都江堰市西南部的成都天府青城康养旅游综合区，是一个国家级旅游休闲度假区，占地约 33 平方千米。其地理及气候条件优越，是我国道教的发祥地。成都天府青城康养旅游综合区集娱乐、养生、运动、休闲、赛事、非物质文化遗产、温泉等资源于一体，是我国康养旅游综合区的新坐标，每年吸引数百万人来体验游览。山东日照生态康养旅游综合区已初具规模，秉承可持续发展理念，采用“旅游 + 康养 + 度假”的模式，从健康、旅游、养生三个方面进行建设规划，打造了四个不同类型的康养旅游线路，分别是登山修禅、滨海养生、民俗文化、禅茶休憩。同时，以养生运动为特色，依托大青山国际太极学院，推广五禽戏、太极拳等传统体育项目，打造国际太极休闲养生福地；借助国家健身步道，串联多个景点，打造太极养生、森林休闲等专题旅游线路。

FuFu 山梨保健农园位于日本山梨市甲府盆地的牧丘町，是日本森林康养综合区的典范。农园占地约 6 万平方米，海拔差异明显，动植物种类丰富，不仅有大面积的森林，还有环境优美的生态农田、花园、果园，具备开展康养旅游活动的良好基础。农园除了提供生态餐饮和特色住宿，还设置了阅览室、瑜伽教室、观星台、健身房、棋牌室、按摩室、心理咨询中心等活动空间。为保证服务的科学性和专业性，以及康养效果及安全性，农园还配备了具有从业资格和丰富经验的老师，包括森林疗法师、芳香治疗师、心理咨询师、保健按摩师、瑜伽老师、健身指导员等。农园设置两天一晚、三天两晚和长住三种类型的住宿方案以及一日游的旅游方案，游客可以根据自己的时间安排自由选择。

---

① 朱建定，杨学英，杨正伟．生态文明建设背景下云南康养旅游产业发展探析［J］．西南林业大学学报（社会科学），2019，3（6）：90-95.

第四节　民族传统节庆体育与旅游产业融合动力与模式——以内蒙古那达慕为例

2023 年，内蒙古自治区全年接待游客 2.3 亿人次，实现旅游收入 3 350 亿元，均创历史新高。文化事业、文旅产业、文旅经济繁荣发展，内蒙古自治区文旅工作交出了一份充满内蒙古特色的答卷。聚焦“相约草原”主题，内蒙古自治区举办旅游那达慕等活动 6800 余项，阿拉善胡杨节、锡林郭勒马超、达里湖冬捕节等节庆活动异彩纷呈。[①] 特别值得一提的是那达慕，这一内蒙古的民族传统节庆体育文化符号，1990 年与旅游产业成功融合，成为推动地区经济和文化创新发展的重要活动。那达慕不仅展示了传统的马文化，还与其他文化元素结合，形成了新业态，如“敖包那达慕 +”“艺术那达慕 +”“那达慕绿色网球”“冰雪那达慕”，这些新业态不仅丰富了文化体验，还有效地促进了地区经济的发展和就业机会的增长。通过这些活动，内蒙古的独特区位优势得到了充分利用，推动了经济增长和民族传统节庆体育文化资源的创新与增值。分析那达慕与旅游产业的融合模式，我们可以看到两者的互动如何带来双方的共同成长。这种融合不仅为内蒙古自治区旅游业带来了新的生机，也为民族传统节庆体育的现代传承与创新提供了实际案例。此外，这种融合模式为民族地区旅游产业的转型升级提供了宝贵经验。

一、那达慕与旅游产业融合动力机制

根据自组织理论，那达慕与旅游产业融合的主要动力源自多方面因素的互动协作，这些因素包括市场需求升级的拉力、经济转型与企业竞争合作的驱动力、宏观政策变化的助力及科技发展的推力，如图 3–3 所示。这些因素共同作用，形成了产业融合的动力系统，推动了那达慕文化与旅游产业的深度融合，进而催生了一系列新的商业模式和旅游产品。[②]

---

① 2023 年内蒙古接待游客 2.3 亿人次 实现旅游收入 3350 亿元［EB/OL］.（2024–01–19）［2024–02–03］. https://www.nmg.gov.cn/zwyw/jrgz/202401/t20240119_2443176.html.

② 严伟. 自组织理论视域下的旅游产业融合机理［J］. 社会科学家，2016（1）：91–96.

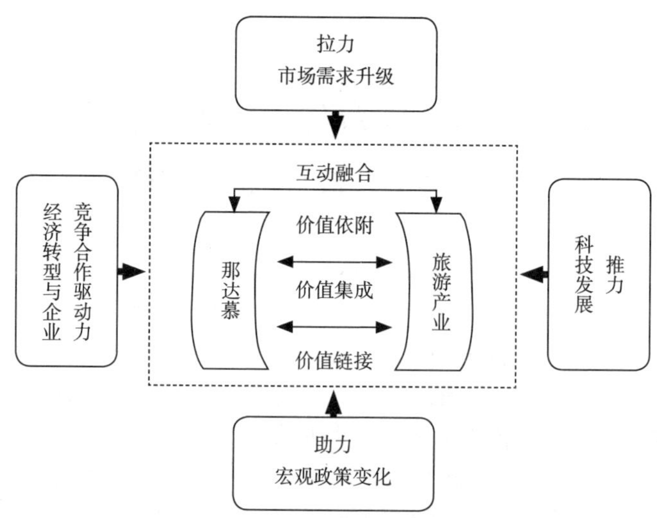

图 3-3　那达慕与旅游产业融合动力机制

（一）市场需求的拉力

随着经济的持续增长和消费模式的转变，内蒙古自治区的旅游产业显示出了强大的市场潜力，旅游消费群体也展现出显著的消费活力，这样的市场变化为那达慕与旅游产业的融合提供了坚实的市场基础。旅游市场的快速扩张和消费人群的多样化需求推动了旅游产品和服务的创新，其中个性化和高品质的旅游体验越来越受到追捧。这种需求的变化直接影响了旅游产业的发展方向，促使业界不断探索新的合作模式和商业模式，以适应这一发展趋势。具体到那达慕与旅游产业的融合，这不仅仅是文化的传播，更是一种经济活动的创新。旅游产业的多元化发展需求促使旅游与文化、体育等其他产业交叉融合，形成了新的经济增长点。

（二）经济转型与企业竞争合作的驱动力

在内蒙古的经济转型过程中，旅游业已经成为该区域经济发展的重要支柱之一。近年来，内蒙古政府投入了巨额资本来支持旅游业的发展，尤其是在品牌文化旅游景区的建设上。然而，随着旅游市场的逐渐饱和和竞争的加剧，市场上出现了一些不规范的竞争行为，如价格战、恶意竞争等，这些行为不仅损害了消费者的利益，还影响了旅游目的地的长期吸引力和市场的健康发展。这种状况表明，内蒙古旅游业虽然快速发展，但也面临着种种挑战，需要通过进一步的行业规范和创新来解决现有问题。为了突破这些发展瓶颈，旅游企业开始寻求与其他行业的融合和合作。

（三）宏观政策变化的助力

在中国，旅游产业的政策环境经历了重大变革。自 2008 年以来，从国家到地方，关于旅游产业的政策支持明显增多，这些政策覆盖了产业环境塑造、投融资体系构建、市场准入等方面，促进了产业间的融合发展。产业政策的制定和实施，旨在补足市场机制的不足，特别是在市场发育不完全的背景下，这些政策对于引导和加速旅游产业的健康发展起到了决定性的作用。

（四）科技发展的推力

旅游产业由于其开放性和强关联性特点，特别适合走向融合发展的道路。这种特性使得旅游产业能够有效适应持续变革的技术环境。[①] 例如，互联网技术的广泛应用已经在旅游产业中引发了深刻变革。大数据和网络技术的应用不仅优化了游客与资源提供者之间的信息交流，还增强了企业对旅游者行为的洞察力，改进了服务管理，提高了资源配置的效率，并最终增强了市场拓展和业务延伸的能力。[②]

二、那达慕与旅游产业融合模式

那达慕节与旅游产业的融合有效地拓宽了两者的经济与文化边界，通过创新的业态融合，进一步丰富了产品与服务的多样性。这种融合体现在三个主要方面：物质产品、劳务以及信息产品。首先，在物质产品方面，那达慕节特有的文化符号被转化为具体的商品，如特色服装、器材和节日专用建筑，这些都为旅游消费者提供了独特的购物选择。其次，在劳务方面，节日活动本身成为旅游产品的一部分，如那达慕传统的体育竞赛、表演艺术和场地出租服务，为游客提供体验和娱乐的机会。最后，在信息产品方面，通过广告宣传、电视广播和网络传输等方式，有效扩大了那达慕节的影响力和知名度，吸引更多的游客前来参与，如图 3-4 所示。通过这种深度融合，不仅提升了旅游产业的内涵，使之更具吸引力和竞争力，同时也为那达慕节的现代化发展开辟了新的可能性，使其在保持传统文化魅力的同时，能够适应现代社会的需求，实现文化与经济的双赢。这种“旅游＋那达慕”或“那达慕＋旅游”的新业态，不仅延展了产业链，还促进了地区经济的整体发展，使那达慕节成为推动地方经济和文化繁荣的重要力量。[③]

---

① 刘雪婷．中国旅游产业融合发展机制理论及其应用研究［D］．成都：西南财经大学，2011.

② 李庆雷，娄阳．旅游共享经济的十个特征［N］．中国旅游报，2016-05-04（C02）.

③ 周平，白晋湘．民族传统节庆体育与旅游产业融合机理及效应：以内蒙古那达慕为个案［J］．西安体育学院学报，2018，35（1）：82-87.

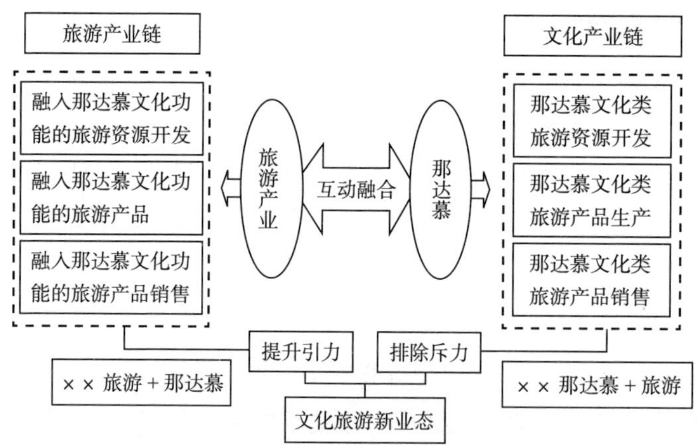

图 3–4　那达慕与旅游产业互动融合模式

（一）那达慕与旅游产业价值依附型融合

那达慕与旅游产业之间的融合展现了一种价值依附型的单向功能载附，这种融合不仅包含那达慕对旅游产业的影响，也涉及旅游产业对那达慕文化的深入利用，如图 3–5 所示。具体来说，那达慕文化通过包装和营销策略被转化为一种吸引旅游者的产品，这不仅增加了那达慕文化的市场可见度，也提升了文化的商业价值。同时，旅游产业在设计、生产、销售及服务的各个环节，也主动融入那达慕的文化元素，使得旅游产品和服务更具有地方特色和文化内涵。这种交叉渗透的融合模式，形成了一种交融的格局，既强化了那达慕文化的传播力，也扩大了旅游产品的市场吸引力。①

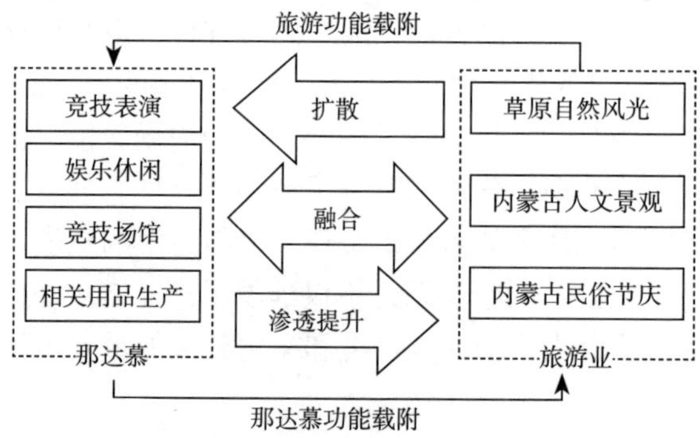

图 3–5　价值依附型融合模式

① 雷波. 我国体育产业与旅游产业互动融合模式分析［J］. 北京体育大学学报，2012，35（9）：40–44.

那达慕节向旅游产业渗透主要通过竞技表演和体验活动实现。例如，“马文化那达慕 +”等马赛活动，不仅推动了马产业的发展，也成为吸引游客体验传统马文化的重要活动。这些活动通过将传统体育与旅游体验相结合，有效地吸引了大量游客，增强了游客的参与感和体验感。此外，休闲健身娱乐旅游的开发也是那达慕节渗透旅游产业的重要方面。通过提供如草原骑马、草原沙滩车等多样化的体验产品和活动，游客可以在享受自然风光的同时体验到多元化的草原文化。这些活动不仅丰富了游客的旅行选择，也增加了旅游目的地的吸引力。同时，那达慕节还通过竞技场景观及相关用品的生产和展示进一步渗透旅游产业。例如，锡林郭勒盟赛马场不仅提供马文化的博物展览，还举办马术表演活动，让游客能够近距离观察和了解马文化的深厚历史和技术。

旅游产业向那达慕的渗透主要体现在利用当地独特的草原风光和丰富的人文景观，为那达慕赛事及休闲健身活动提供完善的平台。例如，“中国・锡林郭勒马术耐力赛”不仅展示了民族传统体育的独特魅力，还为游客提供了直接参与的机会，如牧羊和骑马等活动，使游客能够体验并深入了解当地的文化和传统。此外，锡林郭勒南部旅游区成功地将当地察哈尔部落的民俗风情与现代马术运动结合起来，形成了独特的旅游吸引力。这种结合不仅丰富了旅游内容，也增强了旅游体验的多样性和吸引力。同时，民俗节庆活动如“祭敖包”和“马奶节”等，也是那达慕文化的重要组成部分，它们为旅游活动提供了丰富的文化内涵和深层次的文化体验。

（二）那达慕与旅游产业价值集成型融合

那达慕与旅游产业的价值集成型融合展现了一种多维度的产业交叉模式，有效地结合了传统节庆体育、旅游业及其他相关产业的资源、市场和技术。这种融合通过分工协作，不仅创新了产业形态，还促进了价值的增长。

在那达慕与旅游产业价值链中，这种融合具体表现为技术、业务和市场的整合，形成了四种重构模式，每种模式都深化和扩展了那达慕文化和旅游体验。第一种模式是“休闲那达慕游”，主要涉及山地草原和冰雪运动活动。例如，“那达慕文化民俗村”和“冰雪那达慕民俗村”等地点，通过将传统文化与现代休闲活动结合起来，吸引游客体验原生态的文化与自然景观。第二种模式是“赛事那达慕游”，这包括观赛旅游和参赛旅游两种形式。观赛旅游模式，如游客参观中国・锡林郭勒 FEI 国际马术耐力赛等大型赛事。而参赛旅游模式则提供互动性更强的体验，如旅游者参与摩托车自助游那达慕等活动。不仅让游客观看赛事，还能亲身参与其中，体验赛事的魅力和挑战。第三种模式是“场馆那达慕游”，既包括那达慕竞技场游览活动，如锡林郭勒赛马场游览，也包括演艺观赏的旅游，如马文化演艺游等，这种模式突出了文化与娱乐的结合。第四种模式是“文创那达慕游”，如通过大型户外水上冲关竞技节目《水上那达慕》等创意活动，引入新的旅游体验方式。这些重构模式并非独立存在的，它们都以那达慕这一传统载体为基础，以草原风光、民俗风情和节庆活动为联系的纽带，相互渗透和交融，通过不断的重组和融合形成了全新的旅游业态，覆盖了商务、养生、研学、休闲度假、情感和探奇等多样的旅游拓展要素，如图 3-6 所示。

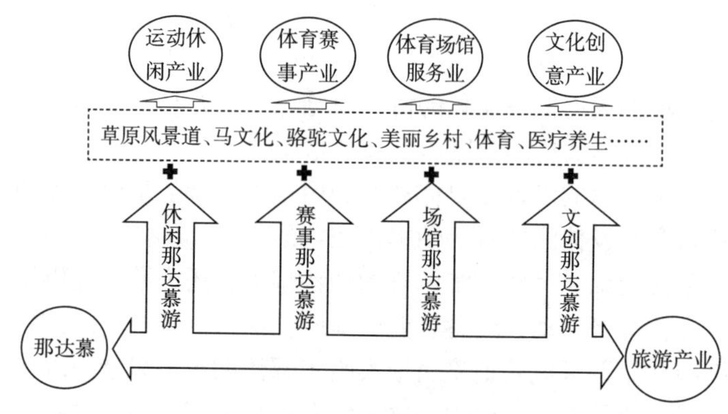

图 3-6　价值集成型融合模式

（三）那达慕与旅游产业价值链接型融合

那达慕与旅游产业的价值链接型融合展现为一种双向的产业延伸，通过这种方式，原本独立的产业界限发生交叉与融合，从而为两者带来新的功能和更强的竞争力。这一融合不是两个产业特点的简单结合，而是形成了一个全新的、融合型的产业体系。① 在实际应用中，这种融合表现为多个新兴业态的形成。例如，那达慕文化创意活动不仅限于传统的庆典和比赛，还扩展到了主题酒店餐吧，将那达慕的文化元素和现代休闲娱乐设施结合，为游客提供独特的文化体验和休闲享受。此外，那达慕运动装备制造也是这一融合策略的一部分，专注于开发和生产与那达慕相关的运动装备，如马术用品等，这不仅促进了本地制造业的发展，也满足了专业和业余爱好者的需求。此外，那达慕旅游商品研发中心、生产基地和购物场所的建设，进一步深化了这种产业融合。

三、那达慕与旅游产业融合发展存在的问题

当前，那达慕与旅游产业的融合面临一些挑战，主要体现为资源整合和创新运用的能力不足。具体问题包括文化、艺术和信念等软资源的有效整合困难，创

① 邢中有. 产业融合视角下体育旅游产业发展研究［J］. 山东体育学院学报，2010，26（8）：1-7.

意开发能力不强，以及那达慕的创新成果向旅游产业转化的过程中存在瓶颈。此外，支撑这种融合发展的环境也有待改善，需要更多的创新策略和产业支持来促进二者的有效结合。

（一）政府与企业的自利性与认知误区问题

不同利益主体在那达慕与旅游产业融合中追求的目标存在差异，融合过程中出现了一些问题。地方政府通常关注政绩和提升地区知名度，行政部门着力执行政府规划，而企业则追求利润最大化。这种利益多元化导致各方在理性追求自身利益时，难以实现真正意义上的产业融合。此外，我国旅游产业的实践发展速度超过了理论研究速度，导致不少地方政府在推进产业融合时对政府与市场的关系理解不足，经常采取短期政策支持产业发展，忽视了市场在资源配置中的基础作用。这种做法不仅未能有效调控市场中的同质化竞争，也未能充分激发政府与市场的协同效应，影响了产业融合的健康发展。

（二）行业壁垒与人才瓶颈问题

在当前的市场体制和利益分配模式下，进入旅游行业的产业面临着明显的进入和退出壁垒。这些壁垒如果坚固，意味着市场竞争较少，导致垄断程度高，虽然竞争压力较小，但无竞争环境也可能限制行业的进一步发展和创新。相反，如果壁垒不够坚固，虽然更多的产业能够进入市场，增加竞争活力，但同时也可能引发恶性竞争，同样阻碍健康发展。尤其是在内蒙古，随着国家对旅游业规制的逐渐放宽，行业的进入壁垒正在变化，但这些变化仍跟不上旅游产业快速发展的步伐。此外，随着内蒙古推进产业转型和升级，人才问题成为一个突出的挑战。区域内既存在高端人才的严重缺乏和流失问题，又有“人才饥渴”与“人才浪费”并存的现象。这种对高质量人才的需求与供给之间的不匹配，无疑会成为限制旅游及其他相关产业融合与发展的重要因素。

（三）微涨落产生与巨涨落生成问题

在旅游产业融合发展的过程中，微涨落与巨涨落的双重模式体现了渐进与突变的统一性，揭示了产业融合过程中的复杂性和动态性。微涨落模式主要由人力资源、资金投入及创意资本的轻微变动引起，这些看似微小的变化却是影响旅游产业融合的持续性与稳定性的关键。例如，在内蒙古，文化与旅游服务型人才的频繁流动及素质波动限制了服务融合型模式的发展。同时，研发人才的稀缺、资金的有限性以及创意资本的不足均制约了融合产品的创新与市场推广。

在巨涨落模式中，企业在市场供需变化中寻求利益最大化，突出表现为羊群效应，其中企业高层对市场变动的敏感度和利益导向起到了决定性作用。这种效应推动了成功的融合型产品快速进入市场，但同时也暴露出企业间竞合关系的不充分以及企业核心能力的不足。对于内蒙古的文化与旅游企业而言，这些问题构成了其发展过程中的主要障碍。

（四）资源配置能力问题

在市场需求不断变化和需求层次逐步提升的背景下，那达慕与旅游产业的融合要素资源配置显得尤为重要。这一过程不仅要求优化资源配置，尤其是主导资源的转换（见表3–2），还需要有效配置有形资源与无形资源。资源配置能力的高低直接决定了产业融合的实力和效果。对于内蒙古的文化与旅游企业来说，人才短缺不仅限制了新创意的引入和新产品的开发，也影响了企业应对市场变化的灵活性和创新能力，从而直接影响产业融合的效果和发展潜力。

表3–2　主导资源的转换

主导资源	资源要素	发展措施	能力关注点
初级资源	资本、区位、自然、人文等	资源要素积聚化	挖掘、包装的能力
中级资源	人力、科技、制度等	资源要素深化与广化	产品创造、服务创新的能力
高级资源	社会、组织、网络等	资源要素整合	信息资源配置的能力
共生资源	文化、艺术、信念、意识等		开发运用创意的能力

四、那达慕与旅游产业融合发展对策

（一）政府的理性构建与旅游产业自发演进的结合

在那达慕与旅游产业融合的过程中，政府的角色极为关键，其能否有效发挥影响力直接决定了旅游产业的转型步伐和发展质量。政府在旅游产业发展的各个阶段扮演着不同的角色，从改革开放前的“企业者”角色到改革中期的“管家婆与分享者”，再到转型阶段的“协调者”，政府的转变反映了旅游产业自发演进与政府引导之间的动态互动。旅游产业的发展并非完全依赖于自发演进，而是需要政府与市场的有效配合。政府不仅要明确自身与市场的功能、目标和策略，还需要根据实际情况和已有的实践经验积极调整政策，以适应产业发展的需求。政府的这种理性构建不仅包括制定合适的政策和规划，还应包括激发和引导市场主体的自觉行动，以及为其提供必要的服务支持。

（二）从“对抗”走向“共生”，构建新型空间竞合关系

在旅游产业的生态系统中，为了推动产业融合发展并构建一个更为开放和创

新的生态圈，相关利益方需要从传统的对抗性竞争模式转变为更具协同性的竞合关系。这种转变首先需要拓展创新领域，确保所有利益相关者不仅关注自身利益，而且要重视其在生态圈中的角色及与其他成员之间的互补关系，从而促进资源的互补和共生发展。其次，旅游产业生态圈的组织结构应追求多样性和扁平化，通过促进企业内部不同部门、同行业竞争者、产业链上的合作伙伴、科研机构、政府及行业协会间的合作与交流，不仅能减少管理层次，扩大管理幅度，还能激发创新和协作的动力。最后，关注生态圈的共生深度也至关重要。在产业融合中，战略合作伙伴的选择应注重质量而非数量，以确保深入的共生合作。而业务合作伙伴的数量可以较多，共生深度则应保持适度。此外，产业融合的广泛联系和互动需要大量的成员参与，以促进整个生态圈的动态互动与发展。

（三）“引育留用”构筑创新人力资本

在人才成为企业发展的关键资源的背景下，地方政府和企业面对人才短缺的挑战时，需要实施全面的人才策略，通过创新的“引育留用”机制来应对。具体措施包括制定有针对性、高含金量的人才政策，采用多样化的引才策略，结合“货币＋实物＋政治”等多维度激励措施，提高人才的经济和社会地位，激发其参与社会治理的积极性。此外，为了应对高端人才短缺的问题，可以考虑实施“高精尖”人才的灵活聘用策略，如将其聘为日常顾问或节假日专项工程师，利用其专业技能解决关键问题。同时，加强与学术机构和研究中心的合作，建立持续的人才培养和充电渠道，包括创建专业的培训和研修平台，实施拔尖人才工程。这种综合人才战略不仅关注高层次创新人才的引进和留存，还包括对实用型人才的培育和选拔，确保企业和地区能够在激烈的全球竞争中保持持续的发展动力。

（四）着眼企业核心能力，确立核心创新战略

在产业集群中，企业的核心能力是决定企业竞争地位和成功的关键因素。企业的核心能力，如技术专长、市场渗透力和品牌影响力，不仅支撑着企业的日常运作，也是其在激烈竞争中保持优势的根基。国家政策虽能提供一定的支持，但如果企业自身的核心能力不足，这些政策的实施效果也会大打折扣。[①] 为了有效地培养和加强企业的核心能力，企业需在以下几个方面下功夫：构建良好的企业信誉，这不仅关乎企业的形象，也是企业可持续发展的基石；发展和维护广泛的营销网络，这有助于企业产品的推广和市场的拓展；通过持续的品牌战略和高质量的产品服务，建立和维护强有力的品牌形象；参考行业规制制定符合企业发展

---

① 周平，白晋湘. 民族传统节庆体育与旅游产业融合机理及效应：以内蒙古那达慕为个案［J］. 西安体育学院学报，2018，35（1）：82-87.

的战略计划，以适应市场变化和需求；通过企业的社会网络获取市场信息，发掘新需求和商机，优化企业策略；加强企业内部的知识管理和团队协作，提高知识转移和创新的效率；与外部机构如政府部门、科研机构和金融机构建立良好的合作关系，利用这些资源提升竞争力。

（五）优化产业结构，提升市场竞争力

为了合理开发那达慕旅游资源，确立“适度开发，完全保护”的管理理念显得尤为重要。这一理念强调从旅游供给侧入手，通过深入挖掘并扩展那达慕的旅游资源内涵，开发新的旅游产品和业态，确保那达慕旅游产业的可持续发展。为此，需要不断优化旅游产品的质量和结构，根据市场需求设计和推出多功能、多用途的那达慕旅游产品，并开发衍生产品，增强旅游体验的丰富性和吸引力。此外，加强产业链各环节之间的联系对于构建有效的那达慕文化旅游产业链至关重要。通过整合上下游资源，并打通产业链闭环，构建一个涵盖活动策划、旅游投资、品牌营销等多个方面的综合体系。这种整合不仅促进了产业内部的协同合作，还能给旅游消费者提供一站式服务，最终实现市场的有效开拓和利益的最大化。

（六）依托文化创意，开拓旅游产业集群

为了深度融合那达慕和旅游产业，创建一个具有文化和旅游服务功能的产业集群是关键。在这个过程中，要将文化创意研发作为核心，培育一个能够引领文化旅游产业升级的“智慧核”至关重要。这个“智慧核”涵盖应用研究、中试孵化以及科研教育等多个领域，旨在推动文化旅游的持续创新与进步。同时，需要建立一个“生态核”，专注于生态资源的保护、生态安全格局的建设以及生态型产业的发展，确保文化与旅游活动的可持续性。在开发那达慕文化旅游产品和衍生产品的过程中，要充分考虑旅游市场的多样化需求，这包括物性需求、人性需求、神性需求及社会需求，从而确保产品能广泛满足不同旅游者的期待。依托文化与旅游产业的服务平台，这一策略能有效吸引资源集聚，通过拓展投融资渠道和创新营销手段来孵化更多企业，进一步优化文化与旅游的空间布局。通过这种方式，可以打造一个兼容那达慕与旅游的品牌集群，形成竞争优势明显的文化旅游企业，从而推动产业的持续健康发展。

第四章　体育产业与养老产业的融合发展

在新常态下，体育产业与养老产业的互动融合涉及多个层面。本章将详细探讨体育产业与养老产业融合的内涵，包括二者融合的基本概念和核心内容。同时，分析两个产业融合的基础和必要条件，阐明互动机制和融合模式，从而理解这种融合如何促进各自产业的发展。此外，本章还将探讨体育产业与养老产业融合发展的关系，即如何通过互动融合带动两个产业的共同进步与发展。

第一节　体育产业与养老产业融合发展的内涵

体育产业与养老产业的融合发展是一种创新的产业行为，它结合了体育服务的活力与养老服务的需求，专门为老年人群设计了丰富的体育服务产品。这种“体育＋养老”的新经济模式不仅在两个产业部门间逐渐兴起，而且成为新的经济增长点。随着时间的积累，这些增长点可能会引发市场的创造性破坏，促进老年运动健康服务业的形成，这是一个典型的新业态。这种新业态并非孤立的存在，而是随着产业融合的进一步深化，逐渐与大健康产业中的其他业务融合，形成大健康产业生态链。最终，这将发展成为一个全面的大健康产业生态圈。这一融合不仅提升了两个产业的服务质量和效率，还为老年人提供了更多样化、个性化的健康养老服务。

一、体育产业与养老产业融合的主体与客体

（一）体育产业与养老产业融合的主体

在体育产业与养老产业融合中，主体企业的角色至关重要。这些企业通常具备创新精神和实际能力，能够专门从事为老年人设计体育服务或产品的工作，或将现有业务拓展至养老服务领域。这类企业不仅追求商业利益，更致力于满足老年人的健康和社交需求，促进其生活质量的提升。为了成为产业融合的主体，企

业必须展现出在策略制定和资源配置方面的专业性，确保所提供的服务和产品能够精准符合老年人的生活习惯和身体需求。这包括但不限于开发适宜的体育器材、设计符合老年人体力条件的健身课程，以及创建安全舒适的活动环境。此外，这些企业还需不断探索与养老产业的新融合点，如引入健康管理与长期护理服务，以形成全方位的支持体系。

（二）体育产业与养老产业融合的客体

体育产业与养老产业融合的客体涵盖了融合型知识、融合型技术和融合型产品或服务三个核心方面，共同构成了产业融合的具体应用与实践。

第一，融合型知识是融合发展中的基础，主要指专为老年人设计的体育健康知识。这种知识结合了体育科学和老年学，关注老年人的生理和心理健康需求，以及如何通过体育活动有效地维护和提高老年人的生活质量。

第二，融合型技术关注的是将体育资源开发与老年群体的特定需求相结合。这包括开发适合老年人使用的体育器械、改进健身方法以适应老年人的体力和协调能力，以及创新的健康监测技术，确保活动安全而有效。

第三，融合型产品则是基于上述知识和技术的实际应用，这些产品或服务旨在提供定制化的解决方案，以满足老年人多样化的健康和休闲需求。产品分为核心产品和外围产品两大类。核心产品直接关联老年人的日常生活和健康管理，如专门的健身课程和复健服务。而外围产品则包括支持这些服务的各类辅助用品和设施，如特制的体育服装和养老设施的维护管理。

二、体育产业与养老产业融合的本质与价值

（一）体育产业与养老产业融合的本质

体育产业与养老产业的融合是一场产业链解构与重构的创新活动，目的是形成针对老年用户的导向式创新服务，构建新型的康养服务业态。这一过程涉及两个主要步骤：产业链的分解和产业链的重整。

1. 产业链的分解

体育产业的传统组成如体育用品制销、运动技能培训、赛事活动组织等，以及养老产业中的日常照护、机体康复、精神慰藉、休闲娱乐等基础环节，因融合而发生断裂。这种断裂使原有的价值链环节进入一种混沌状态，形成一个由竞争优势和内在逻辑关系驱动的价值单元网络。

2. 产业链的重整

根据市场潜在的康养消费规模，从这个价值单元网络中选取最优环节，重组

为一条新的产业链。这条新产业链以老年用户需求为导向，综合体育与养老的核心价值活动，形成互补关系。

例如，将体育产业中的“体育用品制作销售”环节与养老产业中的“机体康复”环节整合成“适老康体辅具制作销售服务”，将养老产业中的“日常照护”与体育产业中的“运动技能培训”融合为“老年养生健身照料服务”，将体育产业中的“赛事活动组织”与养老产业中的“休闲娱乐”融合成“活力长者主题赛事娱乐服务”。这些通过价值活动单元构成的新价值创造环节在市场的推动下进行自我调整，优化链接次序和关联关系，从而适应市场需求，创造新的经济增长点和服务模式。

（二）体育产业与养老产业融合的价值

体育产业与养老产业的融合本质上是通过重新配置两大产业链的价值单元，以达到价值增值的目的。这种重新配置使得原本为老年用户分散提供的服务得以整合，形成一个高效和有机的服务系统，这在老年用户市场中创造了增量性创新。这种创新不仅提供全面、周到、创新和个性化的适老服务产品，而且也实现了健康养老服务的一体化解决方案。

此外，体育产业与养老产业的融合提高了参与企业在现有体育和养老市场中的地位，同时在新兴的融合型康养市场中形成了战略竞争优势。这种战略竞争优势通常通过企业间的合作、接管和持股等方式实现，使企业能够在日益激烈的市场竞争中保持领先地位。

三、体育产业与养老产业融合发展的效应与机制

（一）体育产业与养老产业融合发展的效应

体育产业与养老产业的融合带来了多层次的效应，其中包括微观层面的企业合作与竞争、中观层面的产业结构优化以及宏观层面的区域经济消费升级。在微观层面，体育企业与养老企业通过信息技术融合，提高市场响应速度和资源整合效率，形成有效的网络式合作，减少不必要的成本。在这种模式下，企业不仅可以在新的康养市场中拓展自身业务范围，还能通过战略联盟或企业重组来优化资源配置和扩展市场份额。

1. 企业合作竞争效应

首先，在体育产业与养老产业的融合中，双方主要通过共享资源、技术和市场信息来共同开发新的服务产品或改善现有服务产品。这种合作通常基于互补性，体育企业拥有运动与康复的专业技术和设施，而养老企业则提供针对老年人的照护

和管理经验。通过合作，两者可以结合各自的优势，创造出更适合老年人的康体产品和服务，如设立专门的养老健身中心，提供老年人适用的体育活动和康复训练。

其次，融合也带来了竞争激化。随着市场边界的扩展，原本属于体育或养老领域的企业开始进入对方市场，新的竞争者也涌入这一新兴市场。例如，传统的体育健身中心可能开始提供针对老年人的特殊服务，而传统的养老机构也可能开始引入更多体育元素来吸引客户。这种跨界竞争促使企业必须不断创新和提高服务质量以保持竞争力。

最后，在体育产业与养老产业融合的过程中，合作与竞争并存，形成了一种复杂的共生关系。企业通过战略联盟或合资企业的形式，共同开发新产品或共享市场资源，同时又在某些领域保持竞争关系，争夺市场份额。这种关系推动了技术革新和服务模式的创新，同时也要求企业在合作中保持一定的竞争策略，以避免过度依赖对方。

2. 产业结构优化效应

体育产业与养老产业的融合促使了产业链的重构。传统的体育产业链和养老产业链被打破，形成了新的融合产业链。这种新的产业链更加注重服务的综合性和连续性，不再是单一的产品供应，而是提供从体育活动到养老照护的全方位服务。例如，一个融合型企业可能同时提供日常健身、康复治疗和居家照护服务，实现从健康促进到疾病预防再到康复治疗的全链条服务。随着产业链的重构，市场也相应扩展与深化。新的融合产业不仅覆盖了更广泛的消费群体，也更能满足多样化的消费需求。这种市场的扩展促进了相关产品和服务的创新，也为企业带来了新的增长点。体育产业与养老产业融合的产业结构优化效应通过一个三阶段的传导机制体现，每个阶段都对产业生态产生深刻影响。

第一阶段，融合的起点是企业间的横向一体化，在此过程中体育企业与养老企业通过合作或合并，共享资源和知识，加快技术与服务创新。这种一体化不仅加速了新服务产品的开发，而且通过提高两个产业的融合度，增强了双方在新兴市场中的竞争力。体育服务与养老服务结合，在市场中推广适老体育产品，使得这些企业能够更好地开拓和占据市场，同时增强其主体产业的市场地位。

第二阶段，随着体育产业与养老产业融合深度的增加，市场上的适老体育服务产品的差异化程度也在增加，这是因为老年用户的需求多样化和个性化日益明显。这种差异化加剧了市场竞争，促进了老年运动健康服务市场结构的逐步成型。在这个阶段，企业间的竞争和合作关系不断调整，市场价格体系也因此被突破，推动了体育产业与养老产业的竞争结构向更高级别的服务品质和更广泛的市场覆盖升级。

第三阶段，体育产业与养老产业的融合带来了显著的市场效应，特别是在推动康养业态的发展方面表现出色。这种融合使得生产要素能够在更广泛的市场中自由流动，实现高效运作。在这一过程中，具有较高生产效率和创新能力的产业部门通过吸引和集聚优质资源如资本、技术和人才，增强了其市场竞争力。

这些具有竞争优势的部门可能会逐步替代那些竞争力较弱的产业部门，从而促进整个产业结构的优化和升级。此外，体育产业与养老产业的融合不仅为老年人提供了更加丰富和专业的康复与健身服务，还通过技术和服务创新推动了产业生态的多样化。

3. 区域消费升级效应

区域消费升级效应是体育产业与养老产业融合的显著影响之一，体现在以下三个主要方面。

第一，随着人们对健康养老的关注增加，体育产业与养老产业的融合提供了新的适老体育服务和康养产品。这种融合能够更好地满足城乡老年用户在收入和生活水平提高后对多样化和个性化健康养老服务的需求。

第二，两大产业的融合不仅吸引了更多的市场参与者，还通过产业链的重组，降低了规模化生产的成本、企业的组织治理成本以及交易成本。这种成本的降低使得服务效率得以提升，产品价格下降，从而直接促进了消费的增长。同时，更多的市场参与者意味着更加激烈的竞争，这将进一步推动服务创新和质量提升，最终带来更高的消费者满意度和更广阔的市场发展前景。

第三，体育产业与养老产业的融合对人力资源的需求呈现出多样性和复合型特征。大量的基础服务人员和高级复合型人才的需求，不仅促进了教育培训和职业发展市场的繁荣，也成为推动区域经济良性发展的关键因素。人力资本的增加和人才培养助推了就业市场的扩展和劳动生产率的提升，而这些人力资源的“消费”活动，如培训费用、健康保险等，进一步带动了相关服务业的消费结构升级，特别是在区域经济一体化的背景下，有效地推动了生活性服务业的发展。

（二）体育产业与养老产业融合发展的机制

1. 运行机制——产业链协同管理

协同管理本质上是多个单元为达成一个共同的目标而努力，并共享资源的过程。在体育产业与养老产业融合的情境中，这种协同起始于两大产业链的分解，将原有的产业链条分解成独立的价值活动单位。这些活动单元在老年运动健康服务需求的推动下，被重新组合和整合，以形成一个新型的老年运动健康服务产业链。这种新产业链更能满足市场需求，并提供更高质量的服务。

与传统的产业链管理相比，产业链协同管理具有几个显著的特点。这种管理方式不仅将整个产业链看作一个有机的整体，而且追求的是整个产业链的整体最优而非局部最优。此外，它也强调以市场需求为导向，对资源进行重新配置和优化，确保资源的最有效使用。

第一，产业链协同管理在体育产业与养老产业融合中发挥核心作用，它涉及五个关键方面：①它视整个新型产业链为一个有机整体，不单独考虑体育或养老的子产业，而是从产业生态圈的广度考量其内外联系。②此管理策略追求的是整体最优而不是局部最优，确保整个产业链的高效运作。③它以满足老年用户的康养消费需求和产业链增值为运行规则，确保协同活动的目标一致性。④产业链上的不同价值活动单元之间建立了以“共赢”为原则的新型合作竞争关系。⑤协同管理通过最大化新型产业链的创造价值来提升整个体育产业与养老产业的灵活性和市场反应能力。体育产业与养老产业的融合也依赖于创新的持续性跟进，这是其传导机制的核心。这包括不断加深参与企业的创新模式认识和经济价值洞察力，以及培养市场主体的创新能力，从而消除制度障碍并获得竞争优势。这种创新不仅要注重技术和产品，也要关注服务模式和市场策略的创新，确保能持续适应消费者需求和市场变化，推动两大产业在合作中不断进步和优化。

第二，创新持续性跟进在体育产业与养老产业的融合中发挥着关键作用，展现出三个核心特性：人本特性、目的特性和系统特性。首先，人本特性强调创新活动应以人文关怀和老年人的健康需求为中心，确保创新成果能实际提升老年人的生活质量。这种以用户为中心的创新方法确保了新服务或产品能够真正解决目标群体的实际问题。其次，目的特性涵盖了创新的双重目标：短期目标是通过创新获取持续的竞争优势和盈利能力；长期目标则是通过这些创新使老年运动和健康服务的供需结构实现帕累托改进，即改善至一种状态——其中没有任何一方能够在不使其他方处境变差的情况下改善自己的福利。这样的策略确保了创新不仅仅追求即时的商业成功，而且致力于实现持久的社会和经济价值。最后，系统特性要求在创新过程中整合和协调各种生产要素，如知识技艺、原料供应、市场组织和政策环境，以形成一个综合性、多功能的创新系统。

第三，创新持续性跟进在体育产业与养老产业融合中涵盖四个关键内容：首先，持续管理创新强调企业内外部资源的有效整合，以支持业务持续成长；其次，持续技术创新关注开发适合老年人的体育资源，满足其康养需求；再次，持续市场创新通过引入新的市场要素或改变现有经营要素来开拓新市场；最后，持续制度创新通过实施和完善相关政策，确保创新活动能在有利的政策环境中进行。这四个维度共同支持产业融合在不断变化的市场中持续创新和发展。

2. 保障机制——福利民营化供给

福利多元主义理论广泛应用于社会养老服务领域，特别是在体育产业与养老产业的融合发展中，展现了政府与市场在资源配置和服务供给中的互动。

从政府角度看，福利多元主义理论的应用不仅改善了养老服务的供给结构，还通过市场机制的价格调节功能，将部分服务供给领域转移给民营部门，促使养老服务更具效率和创新性。这种创新型养老服务供给主体模式使得政府在逐步退位的同时，能够通过加强政策引导和服务监管，形成有效的市场监管机制。政府支持社会企业参与体育产业与养老产业的融合，利用它们的专业性、商业性及强烈的社会使命感来推动产业创新和服务多样化，确保这些企业在提供老年运动和健康服务时能够实现价值优势和组织优势，最终促进一个更加包容和富有活力的产业融合环境的形成。

另外，从市场的角度来看，体育产业与养老产业的融合也带动了市场的广泛参与和竞争。随着计划经济体制下体育事业和养老事业的发展基础发生根本变化，国家放宽了体育服务与养老服务市场的准入限制，降低了准入门槛，激发了市场活力。民营企业和社会组织得到了平等参与康养服务市场的机会，它们可以通过承接政府的外包订购、接受补贴或提供自愿服务等多种方式积极参与公共服务的供给。此外，这些机构还能够利用资本的力量进行跨界经营，进一步拓展老年运动健康服务的市场。这种开放的市场环境不仅为企业提供了更广阔的经营空间，也促进了市场中各类资源的有效整合，从而推动体育产业与养老产业在更高层次的融合发展，实现区域经济的均衡发展和消费升级。

第二节　体育产业与养老产业的互动融合模式与关系

一、体育产业与养老产业融合的互动机制

虽然我们都知道，体育产业与养老产业在技术、业务和运作等方面都有非常明确的界限，然而我们还是会认为，在养老产业中，使用体育资源对养老服务行业进行开发的企业，实质上还应划入体育产业的范畴。和这种情况相反的是，在体育产业中，我们认为，那些主要针对老年客户群体提供养生和养老服务的企业也具有一定的养老作用。因为对传统行业进行划分标准的不同，再加上历史上的一些问题，虽然体育产业与养老产业都归属于服务行业，但是它们真正归属的体育部门或者民政等部门却不一样，主要是因为这两类经济产业的属性不同，一个是体育属性，另一个是养老属性。由于当今社会各个学科相互之间的影响和融合，体育产业与养老产业之间的联系更加密切了。所以，我们可以说，体育产业与养老产业有着密切的关系，两者之间相互影响、相互制约。二者之间的关系，如图4–1所示。

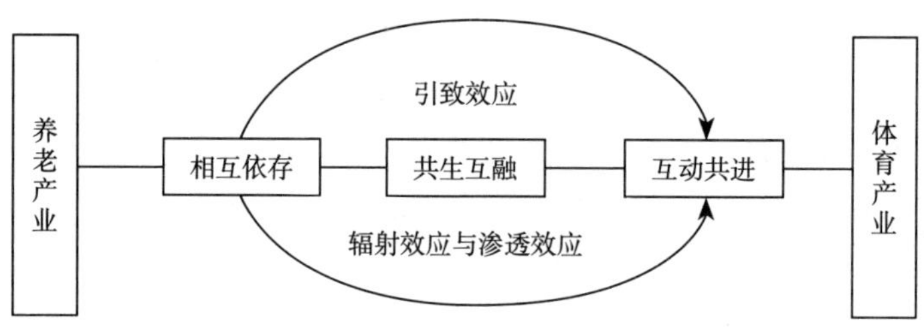

图 4-1　体育产业与养老产业的互动机制

（一）体育产业与养老产业相互依存

康体养老资源是体育产业与养老产业融合的关键环节，主要目的是为老年人提供专门设计的体育活动和康复训练，以满足他们的身心健康需求。这种资源融合了体育设施、运动项目和养老服务，旨在提升老年人的生活质量。体育产业通过开发适合老年人的活动和设施，如健身器材和定制运动程序，扩展了其市场范围，同时为养老产业带来新的发展机会。随着人口老龄化趋势的加剧，针对老年人的体育服务需求不断增长，推动体育产业不断创新和多样化。养老产业的需求促使体育产业创新，提供专门的老年健康服务。这不仅有助于老年人的健康管理，也促进了体育产业的商业模式创新，为企业带来新的盈利点。这种产业间的互动提高了服务质量和市场竞争力，展示了现代社会在提升老年人生活质量方面的社会责任和关怀。体育产业与养老产业的融合是一种互利共赢的策略，不仅能改善老年人的生活状态，还能推动两个产业的创新和成长，实现社会和经济效益的双重提升。

（二）体育产业与养老产业共生互融

体育产业与养老产业在服务行业中的融合，体现了两者在满足老年人健康需求方面的紧密联系。随着老年人口增多，老年人群对健康生活方式的追求也日渐提升，这促进了包括学习、旅游、保健在内的养老产业的发展，而与之相关的服务几乎都包含体育活动的元素。实际上，大多数与养老相关的经济活动都是通过体育活动来实施的，尤其是在康体养老产品的生产和消费领域，体育产业的影响尤为显著。体育锻炼是老年人保持健康的关键，而体育产业的价值往往是通过养老产业实现的。如果养老服务缺乏体育元素，可能会减少老年人对这些服务的兴趣；同样，如果体育产业缺少针对老年人的养老元素，也可能失去活力。因此，体育产业的体育健身元素成为养老产业的核心，而养老元素则为体育产业提供了持续发展的动力。这种相互促进的关系不仅增强了体育产业的市场潜力，也为养老产业带来了新的生机和扩展空间。通过这种融合，两大产业不仅共同满足了老年人对健康生活的需求，还相互提供了发展的新机会，推动了社会服务行业的整体进步和创新。

（三）体育产业与养老产业互动共进

体育产业与养老产业的互动共进主要体现在两个方面：促进和引致。

体育产业对养老产业的促进作用主要表现在其对养老服务的质量和持续发展的影响。体育活动作为养老服务的一部分，不仅可以提高老年人的生活质量，还能增强养老服务的吸引力和竞争力。通过体育产业的发展，可以引入更多创新的养老服务模式，如体育康复、休闲体育等，这些服务不仅满足了老年人的健康需求，也推动了养老产业的持续发展。

养老产业对体育产业的引致作用表现在为体育产业开辟新的发展路径。随着老龄化社会的到来，针对老年人的体育服务需求日益增加，养老产业的发展为体育产业提供了新的消费群体和市场机会。这种需求的增长促使体育产业创新和扩展服务内容，从而形成规模化的市场。

两大产业的这种互动共进不仅促使各自内部的发展，也带动了相关经济活动的整体提升。为了实现这一目标，需要对体育产业与养老产业进行有效整合，通过政策支持、资金投入和市场机制的优化，促进两大产业的融合发展，实现经济效益和社会价值的双重提升。

二、体育产业与养老产业的融合模式

根据科技支撑、发展理念等，笔者对体育产业与养老产业的融合模式进行了探究，提出了三种模式——渗透融合模式、重组融合模式和延伸融合模式，如图4–2所示。

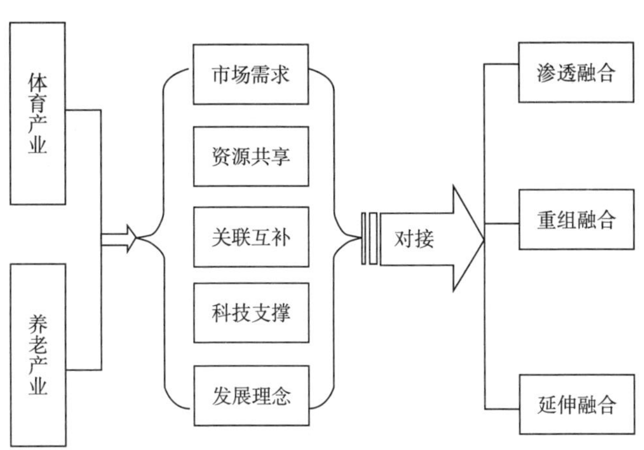

图4–2　体育产业与养老产业融合过程

（一）渗透融合模式

渗透融合指的是不同产业之间的资源能够共享，彼此之间能够进行一定的交叉和相互渗透。不同产业之间的融合过程是双向进行的，包括两个方面的内容，一个是甲的资源流向乙，另一个是乙的资源流向甲。因为不同产业的渗透，使不同产业之间能够相互联系，使产业的含义不断得到丰富。通过体育企业，体育产业渗透到了养老产业；通过健身运动，体育产业与养老产业不断融合发展。这样的融合方式使原来的老年服务行业更加具有魅力，使体育行业和养老行业都能获得一定的收益，实现二者的共赢，如图 4–3 所示。

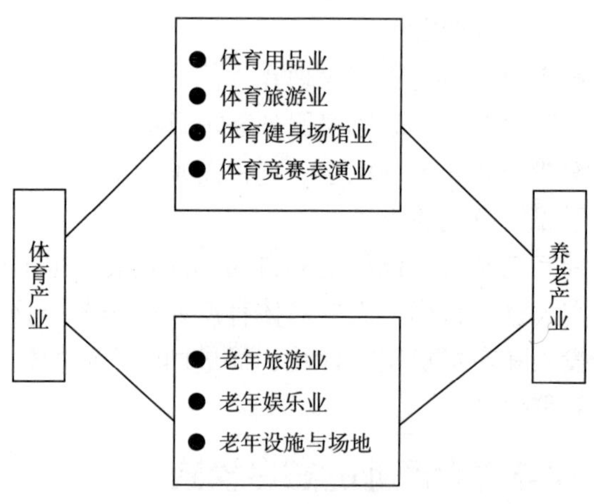

图 4–3　渗透融合模式

1. 体育产业渗透到养老产业

（1）对老年体育用品进行开发

通过举办老年人体育比赛如太极拳、乒乓球等，体育用品企业可以推广专门为老年人设计的体育器材和装备。这些活动不仅提升了老年人的体育活动参与度，同时也促进了相关体育用品的市场需求和销售。

（2）对老年体育旅游进行开发

随着生活质量的提高，老年人越来越注重健康和休闲生活，体育旅游成为其新的选择。例如，山东省新泰市利用当地生态资源开发了一系列结合休闲、健身和旅游的项目，如生态养老和旅游养生，形成了独特的生态休闲旅游体系。

（3）对老年体育场馆和设施进行开发

国家不断加强公共体育服务设施的建设，以满足包括老年人在内的广大群众对体育健身的需求。例如，政府鼓励建设全民健身中心，并提供老年人健身指导，以确保其健身需求得到有效满足。

（4）对老年体育竞赛表演进行开发

广场舞等在老年人中流行的活动逐渐成为全运会等官方体育赛事的项目之一。这不仅提升了老年人的体育参与度，也推动了体育竞赛表演事业的发展，在一定程度上满足了老龄化社会的发展需求。

2. 养老产业渗透到体育产业

（1）依托老年旅游业资源开展老年休闲健身旅游活动

养老产业渗透到体育产业中，主要表现为针对老年产业中占据有利地位的资源进行一定的设计、生产，并进行一定的销售，在其中加入体育的成分。比如，根据老年旅游业中的海滩、山水风光等资源，设计钓鱼、爬山等健身活动。

（2）依托老年文化娱乐资源开展老年体育娱乐活动

老年人进行的文化娱乐活动中也具有体育的成分，如在观看各种体育比赛的时候不自觉地呐喊和助威，观看广场舞、秧歌舞时对文化的体验等，这些都能使老年人的体育文化娱乐的需求得到一定程度的满足。

（3）依托老年设施和场地开展老年体育健身活动

中国现在的养老模式主要有三种：在家养老、在社区养老和在养老机构养老。养老机构中存在的一个比较明显的问题是，购置老年人健身设施的资金比较短缺。社区养老中存在的问题是获取养老资金的途径较为狭窄。受这一条件的限制，适合老年人活动的设施是比较少的，项目也很简单，也没有专人的指导。随着国家越来越重视健康和养生问题，政府部门不断增加老年人体育方面的经费，许多企业也意识到老年人健康的市场前景，不断加强相关方面的研究，使老年体育健康产业不断得到发展。

产业之间的渗透是相互的，具有双向性，不同产业之间进行融合以后，甲中包含着乙，乙中包含着甲。当不同产业融合之后，我们站在不同的角度观察产品和服务时会发现，这样的产品和服务既可以说是甲的，也可以说是乙的。即便是产业融合以后，新生成的产品和服务既具有体育的特征，也具有养老的特征，但这种特征与体育和养老的属性又是不一样的。此外，渗透融合模式具有一定的缺点，因为其融合的程度并不是很深，所以我们根据产业的业态来判断，融合后的产业既不能说是甲的，也不能说是乙的。

（二）重组融合模式

重组融合模式是指通过将原本独立且具有特定功能的产品或服务进行整合，利用统一的标准元件或管理系统，以减少运营成本并提高服务效率。这种模式的核心优势在于能够打破原有产业间的界限，将不同产业的资源进行有效整合，提供全新的产品或服务，从而为市场带来创新的解决方案。在体育产业与养老产业的融合中，重组融合模式表现尤为明显。这两个产业虽然在服务目标和技术应用上有所不同，但在面对老龄化社会的需求时，可以通过重组融合的方式共同开发适合老年人的康体养老产品和服务。例如，将体育产业中的健身设施与养老产业的日常护理服务进行整合，可以开发出专门针对老年人的健身康复中心，这不仅提升了资源利用效率，也优化了服务质量。通过重组融合，体育与养老两大产业能够在相同的运营平台上实现资源共享和技术互补，最终形成如老年健身服务这类新的业态。这种业态能够更好地满足老年人的健康和养生需求，同时也推动了产业结构的优化升级，为社会经济发展注入新的活力，比如，老年健身服务产品等康体养老产品或者服务，如图 4–4 所示。

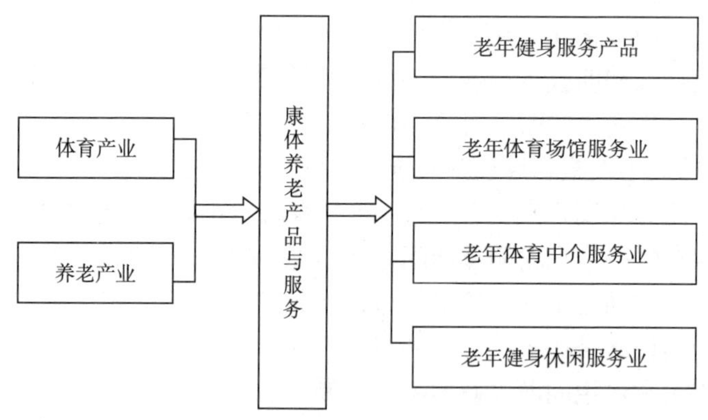

图 4–4　重组融合模式

1. 老年健身服务产品

随着新技术和新材料的发展，体育产业与养老产业的界限正在逐渐模糊，使得这两个领域的企业开始探索跨行业的产品与服务。这种趋势促使企业将体育和养老的功能整合，开发出既满足老年人体育健身需求又具备养老服务属性的新型产品。这些创新产品不仅丰富了老年人的健康管理手段，也提高了他们的生活质量。例如，为老年人专门设计的智能健身产品如手表和运动鞋等，这些产品集成了高科技元素，不仅可以对用户的健康状况进行实时监控和数据分析，还配备了紧急呼救和定位功能。这些功能在老年人遇到突发健康问题或其他紧急情况时，能够实时反馈其生理状态和确切位置，从而迅速得到必要的帮助和干预。这种科技产品的出现，不仅增强了老年人在进行体育活动时的安全感，还极大地提升了他们的独立生活能力，体现了科技进步带来的便利性和保障性。

2. 老年体育场馆服务业

社会上的养老服务和社区里的养老服务有一个共同点，都会对体育场馆的设施设备等进行一定的改造和建设，使体育产业与养老产业二者有机结合起来，使体育场馆的经济效益及其他方面的效益都得到提高，真正落实到服务于老年人的健身活动。这样，老年人可以按照就近的原则、小型多样的原则、文化和体育结合的原则进行科学健身，从而尽最大的努力服务于老年人的体育健身活动。

3. 老年体育中介服务业

老年体育中介服务业通过结合老年人的业余体育赛事和体育健身场所服务，开辟了新的市场机遇。例如，全国的老年体育健身比赛中，体育中介服务如体育教练员的健身指导、体育文化的传播及其创意设计、体育媒介的广告等，这些服务不仅提升了老年人的体育参与度，还促进了体育文化的普及和体育市场的扩展。

4. 老年健身休闲服务业

老年健身休闲服务业通过体育旅游业和养老旅游业的重组融合，以休闲旅游作为媒介，重点发展老年人的健身休闲功能。例如，河南原阳的“颐养乐福养生养老示范基地”便将休闲、养生和体育相结合，与多家社区养老服务站点合作，提供综合性养老养生服务，满足老年人身心发展的需求。

这两个领域的融合不仅带来了创新的业务模型，还促进了老年人的生活质量的提高。然而，体育产业与养老产业的融合也面临挑战，如在重组融合过程中原有企业的经营理念和市场定位的转变。这些产业的企业需要逐渐适应并接受新的行业结构和市场需求，这对于传统运营模式构成了挑战，但同时也为企业的创新和多元化发展提供了机会。

（三）延伸融合模式

延伸融合是一种产业策略，通过这种策略，不同的产业可以相互补充和扩展，进而实现全新的产业结合。这种融合不仅增强了原有产业的功能，也提升了它们的竞争力，最终形成一个无界限、高度整合的新型产业系统。在体育产业与养老产业的融合过程中，这种策略体现得尤为明显。体育价值链通过引入新技术，不断开发符合老年人需求的新产品和服务，如专为老年人设计的健康跟踪设备、定制的健身计划以及与养老设施相结合的体育活动，如图 4–5 所示。

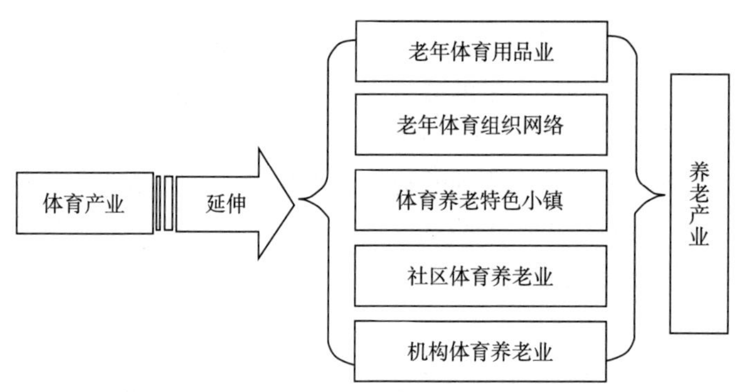

图 4-5　延伸融合模式

1. 老年体育用品业

在现代社会，随着人口老龄化的加剧，针对老年人的体育用品市场日益扩大，需要企业采取积极策略来把握市场机遇。企业应更新市场经营理念，树立正确的营销策略，利用前沿技术和高质量材料，专注于设计和生产符合老年人需求的体育用品。此外，通过采用薄利多销的策略，可扩大市场覆盖面，增强品牌在老年体育用品市场的影响力。

2. 老年体育组织网络

老年体育组织网络的建设也非常关键，这些组织通过提供人力、物力和财力支持，推动老年体育活动的发展，增强老年人的体育参与度。

3. 体育养老特色小镇

体育养老特色小镇的发展也是一个重要方向。这些小镇依托自然和文化资源，通过精准的市场定位和投资体育设施，推动体育产业与养老旅游的融合发展，如浙江平湖九龙山航空运动小镇，通过实施特色旅游度假模式，提升了产业链的整体价值，满足了老年人对健康生活的追求。

4. 社区体育养老产业

社区的养老主要是将体育健身设施作为基本条件，对于老年人的身心需要非常重视，对于现存的体育组织进行充分的利用，还会请专门的体育人员对老年人的健身进行专业化指导，使体育健身和养老产业得到延伸融合。

5. 机构体育养老产业

由于老年人越来越依赖社会和市场，因此，养老机构产业得以出现并不断获得发展。再加上老年人对于体育文化的需要越来越明显，从而使体育产业与养老产业不断融合发展起来。受到社会化和产业化的影响，体育产业与养老产业之间的融合效率不断得到提高，使双方有了更多的合作机会。

延伸融合模式也有自身的一些缺点。比如，体育产业与养老产业更看重的是短时间内获得收益，从而使它们忽视了新产品的设计，最终不利于体育养老产品和服务的整体发展。

三、体育产业与养老产业融合发展的关系

产业联动发展是指不同产业之间，特别是在其内部各个细分行业中，通过资源的整合和重新配置，不断探索新的增长点，从而实现相互促进和共同发展的一种策略。在中国，体育产业与养老产业由于其共有的复合特性，如关联性、多面性、混合性和包容性，使得两者之间的资源可以实现有效的转移、流通和共享。随着中国体育市场和养老市场的进一步开放，以及社会资本对大健康产业的持续投入，这两个产业的融合日益加深。具体而言，随着老龄化社会的到来，社会对老龄福利供给和康养服务的需求不断提高，这不仅加强了养老服务的消费需求，也促使体育产业发挥其在养老服务中的作用，通过提供专门的体育活动和设施，来满足老年人的健康需求。同时，养老产业的发展也反过来促进了体育产业的发展，引导体育企业开发适合老年人的产品和服务，从而扩大市场覆盖面和消费群体。

（一）体育产业对养老产业具有渗透和提升作用

第一，随着人口老龄化的加剧，体育产业与养老产业的融合发展已成为推动社会养老服务体系现代化的重要途径。首先，这种融合有助于丰富居家养老服务的内容，增强社区养老服务的活力，以及提高机构养老服务的品质。体育产业通过其丰富的人力资源、场地资源和组织资源，能够在居家、社区和机构养老服务中发挥重要作用，从而提升整个社会养老服务体系的效率和质量。例如，体育产业可以通过建立体育技术人才、场馆设施和活动组织的共享平台，将体育资源整合到养老服务中，从而开发出满足老年人需求的多样化养老服务产品。这些产品不仅包括针对富有健康活力的老年人的赛事和健身服务，也包括为有康复需求的老年人提供的专业运动康复服务。这样的服务不仅满足了老年人个性化和差异化体育服务的需求，还促进了养老服务网络的完善和成熟。

第二，体育产业与养老产业的融合还能显著扩大养老产业的市场空间。随着体育消费政策的推进和全民健身理念的普及，体育产业的市场规模和发展潜力不断增强。养老产业通过与体育产业的融合，可以拓展其业务范围，提高服务质量，并增强市场竞争力。例如，许多养老服务企业已开始设计和组织各类体育文化活动，以吸引更多老年人参与，从而不仅提高用户的黏性和满意度，也提升了养老

服务企业的品牌影响力和市场份额。因此，通过将体育产业的资源和能力与养老产业结合，可以更好地满足老年人的健康和社交需求，同时为养老产业的发展带来新的机遇和挑战，实现双方的共赢和可持续发展。这种产业融合策略不仅有利于提高养老服务的覆盖率和质量，也为体育产业开辟了新的市场和发展方向。

（二）养老产业对体育产业具有引导和扩散作用

随着中国社会人口结构的变化和养老市场的迅速发展，养老产业对体育产业的引导和扩散作用显得尤为重要。养老产业可以推动体育产业的创新和服务扩展，特别是在老年体育产出体系的创新和体育消费覆盖面的扩大方面。这不仅增强了针对老年人的体育服务企业的竞争力，也促进了整个体育消费市场的发展。

在当前的社会经济环境下，随着居民储蓄率的增加和经济发展模式的转变，中国的养老市场正处于快速发展阶段。这为体育产业提供了新的机遇，尤其是在老年人体育消费领域。目前，针对老年人的体育产品和服务在数量和质量上尚存在不足，这限制了老年人体育消费的潜力。许多体育企业和服务运营商尚未能够有效地开发多功能和规模化的老年体育产品体系，这在一定程度上阻碍了体育市场的均衡发展。此外，目前中国的养老企业主要集中在提供基本物质服务如餐饮、住宿等，而在社交、文化、健康和体育等方面的服务则相对欠缺，这限制了老年人体育服务的专业性和增值潜力。这种情况需要通过提供更专业化、高质量的体育服务来改善，以提高老年人的生活质量和满意度。

因此，体育产业需要更加注重老年市场，通过创新和提供科技化、多样化的高品质体育服务，以满足老年人日益增长的健康和社交需求。这不仅能够促进体育产业的增长，也能带动养老产业的发展，形成相互支持和共同进步的良好局面。通过这种产业联动，可以有效地提升老年人的生活质量，同时为体育企业开拓新的市场。

第三节　体育产业与养老产业融合发展的举措

在应对人口老龄化挑战中，体育产业与养老产业的深度融合显得至关重要。这不仅涉及发展专业的老年运动健康服务市场，还包括建立完备的多支柱养老保险体系，以确保老年人获得稳定的经济支持和高质量的生活服务。政府需制定支持性政策和创建产业融合平台，引导这些产业规范发展。同时，企业应加强创新，优化经营策略和管理，以更好地服务老年人群体，实现两大产业的健康、可持续发展。

一、体育产业与养老产业融合发展的理论模型建构及路径

在中国，体育产业与养老产业正处于发展的初期，面临着产业基础薄弱、产业变现复杂以及长周期的投资回报等挑战。这两个产业都被视为要练好“慢功夫”的产业，需要采取长期发展的战略视角。在经济转型以及国家产业政策的积极支持下，两大产业的发展不仅符合供给侧改革的要求，还能够释放出新的经济活力。为了实现体育产业与养老产业的融合发展，企业应强化跨行业合作，重点发展生活性服务消费，如体育和养老服务。这种融合不仅有助于两大产业的相互促进和健康成长，而且对于适应社会经济和人口结构的新常态具有重要的经济意义和社会价值。

（一）独立产业边界——体育产业与养老产业

虽然体育产业与养老产业在结构上表现为集合产业的特征，且经营主体之间存在潜在的价值创造互渗可能性，但根据产业经济学的理论，这两大产业的界限通常还是相对明确的。每个产业都有自己独特的边界，包括知识、技术、产品（服务）、业务（组织）以及市场边界，这些边界定义了产业的核心领域和操作范围。重要的是，提到技术时，不仅仅是指传统的电子机械或信息技术等具有物理特性的研发创新。技术在这里还涵盖了任何新方法或改进，即那些能够简化操作、提高效率和效果的创新手段。

1. 体育产业边界

体育产业的边界展现了其多方面的扩展性，涵盖从知识、技术、产品、业务到市场的全方位拓展。知识边界依托于体育学和运动科学等专业学科，为产业发展提供理论支持和智力资本。这包括运动生理学、运动心理学、运动营养学等领域的研究，为训练方法和健康管理提供科学依据。技术边界则关注体育资源的开发利用，涵盖了训练技术、体育器材使用和运动性能的优化。产品边界扩展到多样化的体育服务和体育用品，如健身中心服务、体育器材和运动装备的生产与销售。业务边界则包括体育活动的组织、管理以及体育产品的市场营销和销售。市场边界涵盖了构建体育市场和培养体育消费群体，形成了一个完整的市场生态系统。

2. 养老产业边界

养老产业的边界基于老年经济学、社会学、医学、护理学等领域的知识（知识边界），开发适老化资源如无障碍设施设计、老年疾病管理技术等（技术边界），形成专业化和层次化的养老服务与产品如居家养老、护理服务等（产品边界），包括老年文化的传播和养老产品的销售（业务边界），形成以老年人为主的消费者群体，促进“银色经济”的发展（市场边界）。

（二）体育产业与养老产业融合发展的理论模型构建

产业融合作为一种动态进程，展现了不同产业或产业内部在多个层面——学科知识、技术工艺、产品服务、业务组织与消费市场——的全面或部分要素的互动和耦合。这种互动不仅模糊了传统的产业边界，还可能引起市场竞争格局的变化，使原本没有竞争关系的企业成为潜在的竞争对手。在体育产业与养老产业的融合发展中，这种耦合体现得尤为明显。它体现在对老年体育服务的基因重组和流程再造上，意在打破传统的行业壁垒，实现服务的创新和产业生态的涵养。这种创新不仅涉及新服务的引入，也包括对现有服务模式和提供方式的根本改变。随着产业融合的深入，原先由体育产业与养老产业独立提供的服务将逐步演变成集成化的服务产品。例如，结合体育活动与老年人的养老服务，开发既能满足老年人健康需求又具有娱乐性的体育产品和活动，如定制的健身计划、适老化的运动设备、养生体育旅游等。这种融合改变了原有的产业边界，推动了新的商业模式和市场机会的产生。同时，新的产业边界的形成也逐步构建起一个更为复杂的产业生态系统，其中包括新的参与者、新的目标客户群以及新的价值链。

体育产业与养老产业的融合发展是在人口老龄化日益严峻的大背景下开始的，首先是市场思维和商业思维的融合，其次是能力集成与应用集成的两个阶段，最后是实现产业融合的全过程。下面对能力集成与应用集成两个阶段进行介绍。

1. 能力集成

在当今知识化和专业化日趋深入的社会环境中，学习能力对于产业组织的发展至关重要。这种能力不仅包括对专业知识的吸收和对技术工艺的掌握，更关键的是将这些知识和技术有效应用于实际操作中。对于体育产业与养老产业的融合发展而言，学习和应用的过程显得尤为重要。在这一融合发展的背景下，能力集成指的是两大产业在学科间理论知识相互关联的基础上，系统地开发和整合老年体育市场的资源。这种整合不仅提高了养老服务的效用，还增强了健康养老服务的精准化，有效地满足了老年人群的具体需求。通过这样的能力集成，体育产业与养老产业能够共同探索新的商业模式，促进创新。例如，开发适合老年人的体育健康项目，利用运动科学提升老年人的生活质量，通过体育活动增进老年人社区的社会互动。这些创新不仅为老年人提供了更好的生活方案，也为两个产业带来了新的增长点和市场机会。

（1）知识融合

体育产业与养老产业通过跨学科的知识迁移和外溢效应，更新传统的经营理念，增强产业部门间的对话和互动，从而在理论和概念上实现知识融合。

（2）技术融合

两大产业共享关键技术，特别是在人群健康服务的有形化、体验化和产品化方面。通过共享和开发适老化体育资源，不仅提升了服务的质量，还增强了产业在提供老年人健康解决方案方面的互补性和整体效率。

2. 应用集成

在体育产业与养老产业的融合发展过程中，应用集成是一个关键步骤，它通过实现从理论到实践的转换，使创新思维得以在实际应用中落地，从而创造出实际的产业利润。这一过程涉及将两大产业的资源加以整合，研发和生产更符合老年用户消费偏好的产品，扩展现有的业务渠道和组织体系，并在新的商业模式的基础上实现体育市场与养老市场的有效融合。

（1）产品融合

随着体育产业与养老产业之间资源共享程度的加深，两个产业在产品层面的融合逐渐显现。例如，使用适老化技术的体育产品可以同时服务于体育和养老市场，这些产品既能满足老年人的健康需求，也适应体育消费的特点，从而在保持两大产业边界清晰的同时，实现服务和产品的交叉与融合。

（2）业务融合

随着更多的产品和服务被体育和养老企业共享，原本属于两个不同产业的业务开始相互融合。这种融合可能通过企业合作、兼并或重组等方式实现，从而优化资源配置，提高服务效率。

（3）市场融合

体育企业与养老企业在市场上的集聚促使两大产业的市场边界逐渐模糊。体育产业链与养老产业链的价值创造环节的延伸，吸引了旅游、文化、地产、医疗、教育等相关产业的参与，这些产业的融入不仅增强了市场的综合竞争力，也推动了一个多元化的大健康产业生态圈的形成，实现了产业间的高度融合和价值最大化。

（三）体育产业与养老产业融合发展的路径

在体育产业与养老产业的融合发展中，将老年用户的消费体验作为市场和商业策略的核心，是推动这两大产业有效融合的关键策略。企业必须首先深入理解老年消费者的具体需求和期望，这是制定有效市场战略的基础。通过准确识别老年消费者的位置和他们所需的服务类型，企业能够更有效地以用户为中心来规划和执行其业务策略。这种以用户需求为导向的策略符合演化经济理论中的“自内向外”和“自外向内”的产业创新驱动逻辑，强调了供需之间在市场上逐步达到的动态均衡。在体育产业与养老产业融合的具体实施中，这一过程展现为“相向融合”的模式。这意味着，企业不仅需要根据消费端的需求来调整供给策略，优化和创新其产品与服务，而且供给侧的创新也应当引导和塑造消费者的期望和行为。

1. “自内向外”的供给驱动型融合

在体育产业与养老产业的融合发展过程中，通过产品供给驱动的“自内向外”实现路径涵盖了从市场需求洞察到创新产品开发的全过程。随着体育商业体系的完善和养老服务市场化的加速，国家健康产业政策为社会资本的投入提供了有力的政策支持。这种政策环境促使具有创新意识和领导能力的体育企业与养老企业意识到，传统老年体育市场的突破可以创造新的商机。这些企业开始主动通过知识迁移、资源整合和技术应用，研发并向市场提供创新的、多样化的适老体育服务产品。这些新型产品不仅满足了老年用户的个性化需求，而且激发了他们对传统体育产品或养老服务的兴趣，改变了他们的消费偏好。随着老年用户逐渐接受并认可这些新型的适老体育服务产品，他们的积极反馈和口碑传播将进一步吸引更多老年人寻求新的产品体验。这种由产品供给驱动的需求变化催生了新的老年运动健康服务市场，并促使更多企业投身此领域，形成了逐步成熟的市场生态。这种持续的市场动态和用户需求的变化最终可能促进整个老年运动健康服务市场的创新能力提升，推动“体育 + 养老”的新经济现象常态化。这不仅扩展了体育产业与养老产业融合的深度和广度，也为未来产业的持续发展提供了坚实的市场基础和创新动力。

2. “自外向内”的需求驱动型融合

在通过用户需求驱动的“自外向内”实现路径中，体育产业与养老产业融合发展的推动力来自老年用户群体的消费动向和期望。随着国民经济水平的提升和养老保障体系的完善，老年人群的消费实力得到增强，他们对优质晚年生活的需求逐渐增加。这种需求推动了对分众化、多元化和专业化的适老体育服务产品的探索和实现。在这个过程中，在基本的养老服务需求得到满足之后，老年用户群体希望获得更丰富和专业的适老体育服务体验。他们的这些新需求通过消费行为不断反馈给服务提供商，促使服务运营商调整和优化他们的服务产品。这些运营商响应市场需求，采用多级康养服务需求导向的经营策略，创新适老体育服务产品，以吸引更多客源并刺激消费。随着市场对这些新型服务的响应，更多的体育企业和养老企业开始看到这一趋势的潜力，进而参与到这一领域的竞争和合作中来。这种由用户需求驱动的市场动态不仅促使服务运营商创新产品，也推动了整个市场向更加专业化和个性化的方向发展。随着越来越多的老年人被这些服务吸引，他们的参与和消费将进一步激活市场，增加对相关产品和服务的需求。这种从用户需求出发，反向推动产业供给侧改革和创新的路径，有效地激发了老年消费市场的活力，加快了体育产业与养老产业的融合进程。

二、产业与养老产业融合发展的思路

在当前的经济形势下，产业融合成为发展的关键策略，尤其是在体育产业与养老产业中。这种融合是由人口老龄化的加剧和相应的产业经济结构调整驱动的。随着这两个产业的结合日益深入，制定一个明确的融合发展策略变得尤为重要，以便有效应对市场初创期的供需挑战并全面提升适老体育服务的产品体系，满足老年人的体育健身需求。为了达到这些目标，我们需要采取一系列战略措施：首先，进行深入的市场分析，了解老年人群体的具体需求和期望；其次，创新和扩展体育产品和服务，确保它们能满足老年人的健康和体育活动需求；再次，加强体育与养老服务之间的协作，通过共享资源和技术来增强服务的有效性；最后，加强政策支持，提供财政激励和减税优惠，鼓励更多企业参与到老年体育和健康服务市场中。

（一）积极培育专业的老年运动健康服务市场

为了促进体育产业与养老产业的有效融合，并应对人口老龄化的挑战，中国需建立一个标准化、规模化、层次化的老年运动健康服务市场。这种市场的构建将增加适老体育服务产品的有效供给，满足老年群体日益增长的多元需求，并实现健康养老消费供求的全面对接。这一过程需要政府、社会组织和企业的协同合作，是福利多元主义理论在中国积极应对人口老龄化策略的实际应用。具体措施包括加快基本公共服务的均等化，扩大老年人基本养老保障和健康管理服务的覆盖面。这将确保每个老年人都能享受到基本的养老和健身服务，实现全民健身服务的普及，同时还包括弘扬尊老、助老、孝老的社会风尚，完善养老产业的金融支持体系与人才培养体系，激励各类主体平等参与，并提供多样化的老年运动健康服务如健身辅导培训、赛事文化交流等，通过科学的政策设计、制度建设及模式创新来推进老年运动健康服务市场的可持续发展。

（二）加快构建完备的多支柱养老保险体系

要有效促进体育产业与养老产业的融合发展，一个核心策略是建立一个可持续、全覆盖、公平的多支柱养老保险体系，这种体系旨在提高人们退休后的经济收入和生活水平，从而确保老年用户具有足够的实际支付能力来消费适老体育服务产品，实现健康养老消费供求的精准对接。多支柱养老保险体系包括基本养老保险、职业年金、商业寿险和自愿养老储蓄等多种养老金金融制度的整合，这是中国应对人口老龄化的长期战略选择，其中强化基本养老保险的基础作用即巩固和改革公共养老金的计发方法，逐步下调基本养老保险费率，并实现基本养老金的全国统筹和个人账户的实际运作，建立一个高效可靠的社会资源代际转移机制，保障老年人的基本生活水平和国民养老安全；发展第二支柱和第三支柱养老保险，职业年金和商业养老保险应发挥补充作用，持续完善养老金金融制度的顶层设计，出台企业税收减免或个人税收递延等补充养老保险税收优惠政策；创新养老金融产品和服务，探索建立长期护理保险制度的试点，提高养老基金市场化运作的程度，形成保值增值机制，使居民的养老投资能够自我激励、自我积累和自我壮大，从而在维持基本生活的基础上获得更好的收入改善。

（三）扎实推进全面的人口老龄化国情教育

有效推动体育产业与养老产业的融合发展的关键在于实施全面覆盖所有年龄群的老龄化教育，这种教育不仅能提升公众对老年健康重要性的认识，还能促进一个支持老年人的社会环境的形成，确保老年人的需求与健康养老服务的精准对接。这需要教育政企领导采取措施共建支持老年人的社会环境，普及青少年的老龄化教育，以提升他们的健康素养，同时对老年人进行老龄教育，鼓励他们参与体育活动，提高生活质量。这样的教育策略将有助于构建一个活力充沛、老年友好的社会环境，进而推动体育产业与养老产业的创新融合。

三、体育产业与养老产业融合发展的策略

在体育产业与养老产业融合的过程中，政府和企业各承担关键任务。政府通过政策支持和行业监管为产业融合创造环境，而企业则需要在技术和资本投入上适应市场变化，应对竞争优势的转变。政府可提供税收优惠和资金补贴等激励措施，企业则需开发适老产品和服务，调整商业模式以增强竞争力。政府和企业需灵活调整策略，共同推动体育产业与养老产业的健康融合发展。

（一）政府促进体育产业与养老产业融合的策略

政府在体育产业与养老产业融合中扮演着引导促进和规范限制的双重角色。首先，政府通过制定配套政策支持体育产业与养老产业的融合，提供必要的财政补贴、税收优惠等措施以促进这一过程。然而，政府同样需要规范市场行为，确保产业融合过程中市场的公平竞争，防止监管不力带来的产业融合障碍。此外，体育产业与养老产业的管理涉及多个部门，如体育、民政、卫生、人社等，这要求政府在推动两大产业融合的同时，也需要处理好各部门间的协调和体制融合问题。只有当这些部门有效协同工作时，才能真正促进体育产业与养老产业的健康和持续发展。

1. 营造利好的政策支持环境

体育产业与养老产业的融合发展依靠多个产业链在康养服务领域的整合，需要强有力的政策支持来降低交易成本和激发创新。政府应采取一系列措施，如完善老年体育和福利的法规，实施针对性强的税收、金融、土地和人才政策，保障政策效益最大化。同时，政府需扩大基本养老保险的覆盖范围，增加公共养老金支出，实现普惠养老福利。此外，应设立专项基金，支持运动康复和智慧康养服务的发展，促进产业融合，并推动国民健康养老消费的提升。这些政策不仅有助于降低养老和体育服务的运营成本，还可以通过法律和财政政策鼓励更多企业参与市场活动，共同推动体育产业与养老产业的持续健康发展。

2. 创建开放的产业融合平台

为了促进体育产业与养老产业的融合发展，政府需提供坚实的政策支持和进行产业规制改革，打破市场壁垒并优化资源配置。首先，政府应改革传统服务行业管理体制，消除阻碍产业融合的旧有规制，按照融合原则重构规制框架，加快现代服务业发展标准的制定。其次，政府需要建立组织协调机制、企业主体机制和服务中介机制，以确保制度有效执行。再次，政府应开放体育和养老服务市场，鼓励社会资本投入，支持中小企业和引导大型企业发挥引领作用，构建全面的服务体系。还需设立企业创新激励机制，制定政府购买服务的指导目录，探索公私合作模式，提升市场主体发展的信心。最后，政府应重视对人口老龄化的战略应对，推动老年教育、文化和体育等领域与大健康产业的协同发展，形成跨部门的协作常态。通过这些措施，简化程序，提高服务效率，促进体育和养老资源的跨区域流通与重组，从而有效推动两大产业的融合发展。

3. 引导行业规范有序发展

面对体育产业与养老产业融合发展的趋势，政府需采取综合措施确保行业健康有序发展。首先，政府应创造支持性的政策环境和开放的融合平台，并加强市场监管以确保服务质量与安全。这包括建立老年运动健康服务的定价、评估、准入和监督机制，制定并完善康养服务产品的标准和认证体系，推动服务的标准化和市场基础设施建设。其次，创新人才培养模式至关重要，需强化复合型人才的培养，通过加大对相关学科的投入，开设跨学科课程，建立学历教育与职业教育并重的人才培养体系，同时探索制定老年运动健康管理师的执业资格、注册考核与职称评定政策。最后，政府应借助健康中国战略，广泛宣传正确的健康养老观念，引导公众制定并实施积极的康养规划，培养成熟的健康消费意识，从而为体育产业与养老产业的融合发展提供坚实的社会和文化支撑。

（二）企业促进体育产业与养老产业融合的策略

体育产业与养老产业的融合明显改变了市场竞争环境，给参与企业带来了新的挑战与机遇。产业融合通常通过并购重组来实现，这可能导致一些企业退出市场或被整合，从而引发市场结构的显著调整。此外，由于体育企业和养老企业通过融合进入相同的市场领域，竞争态势会更加激烈。在这种高度竞争的环境中，企业需持续创新以适应市场变化和确立竞争优势。这种创新不仅涉及产品与服务的更新，也包括业务模式和运营策略的革新。持续的创新是企业在康养服务领域保持领先地位的关键，同时也是推动体育产业与养老产业深化融合的重要驱动力。

1. 加强行动理念创新

（1）树立融合意识

产业融合的本质在于集成创新，这一过程对企业家和创业者来说充满挑战。创新要求打破常规，突破惯性和私利限制，同时面对创新成果的时效性问题。在体育和养老服务领域，创新尤其珍贵，因为许多企业往往选择模仿已有的业务模式而非开拓新的道路，这导致它们缺乏竞争力，难以形成专业化的老年运动健康服务市场。然而，辩证地看，真正有潜力的康养创业项目往往在初期只被少数人看好。那些众多企业争相涌入的领域，往往不是最有潜力的市场。因此，企业需要树立融合创新的意识，勇于尝试和开发富有创意的老年康体项目和设计独特的适老体育服务产品，成为行业的先驱和领导者。

（2）探寻融合方法

在体育产业与养老产业融合发展过程中，企业若想有效实现创新和整合，需要采取多维度的策略。这包括明确目标群体（社区居家养老或机构养老用户），以确保服务设计满足其需求；采用多样化的资产运营模式，如独立运营、合并或联合开发；实施灵活多样的营销策略，如体验营销、活动营销、会员制营销、教育营销、奖励营销及新闻营销，适应市场变化并吸引不同的用户群体；建立多方合作的机制，如资源共享机制、利益共创机制和风险共担机制，以促进合作伙伴间的互利共赢；构建一个包括企业员工、管理层、行业专家、商界领袖和科研机构的综合性智创平台，汇聚多方智慧与资源，加速创新项目的实施。通过这样的多角度整合与创新，企业可以最大化实现资源的效能与价值，确保在激烈的市场竞争中占据有利地位。

2. 加强发展战略创新

（1）要构建基于融合机制的企业战略创新体系

在全球产业融合趋势日益增强的环境中，企业的适应性和创新性是提升其竞争力的关键。体育企业和养老企业需要快速形成融合创新的行动理念，并实施符合产业融合趋势的战略，以增强跨界经营能力。这尤其适用于中国，因为这里的企业面临人口老龄化的挑战，需要意识到生活性服务业的转型和升级的必要性。为此，企业应借鉴国际经验和适应国内市场形势，确立符合大健康产业发展需求的创新战略，设定以最大化用户价值为目标并专注于老年运动健康服务管理的战略。此外，培养提供整体解决方案的战略能力也至关重要。为了构建创新战略体系，企业可以采取以下具体措施：构建以康养新产业价值链为导向的产业融合目标体系，加快企业制度和标准化建设，运用人才激励创新手段，采用渠道衔接融通方式优化业务流程，加强服务产品的适老化设计，提高运营效率和服务质量。这些措施有助于构建基于融合机制的企业战略创新体系，使企业在激烈的市场竞争中保持领先地位。

（2）要选择合适的基于融合机制的企业战略实施路径

为了在体育产业与养老产业融合的背景下取得成功，企业需要精细化执行创新战略，并确保战略能够根据老年运动健康服务市场的发展趋势有效落地。在价值变现方面，企业应该通过提供高质量的服务和产品来满足老年人的实际需求，赢得他们的信任和认可，进而通过积累社会价值实现长期的声望和利益。其次，在制度建设方面，企业应探索服务管理制度化、制度流程化、流程信息化、信息模块化的经验，不断完善企业制度体系的标准化建设。在人才储备方面，企业应通过“内培外引”来吸引和储备更多高水平复合型人才，以应对市场扩大和业务增多所带来的需求。在渠道营销方面，企业需要构建“线上线下相结合且以线下为主”的营销策略，主动拉近服务距离，积极开展互动交流，以增强用户黏度。在产品规划方面，企业应考虑老龄群体在年龄性别、生理机能、经济收入、生活阅历和行为动机等方面的差异，秉持“包容性设计”和“通用设计”的理念，进行人性化的产品归纳和分层设计。在技术实现方面，企业可以借助大数据、云平台等技术手段，适时研发和建立不同类型的智慧康养服务系统，逐步实现老年运动健康服务管理的精准化、智能化、远程化和高效化。

3. 加强经营管理创新

（1）要重视合作共赢与集成经营

在体育产业与养老产业融合的过程中，市场资本开始转向轻资产运营，尤其是在老年运动健康服务领域。在这一融合发展初期，采用合作策略比竞争更为重要，通过结盟可以实现资源共享与风险分散，促进创新与市场扩展。例如，康养服务企业可从提供上门服务起步，通过战略伙伴关系逐步扩展到社区多功能轻资产服务，快速占据市场。随着市场继续细分，企业应采用集成经营策略，围绕“健—乐—养”的新产业链进行全面扩张，如通过与金融机构合作提供定制化养老保险方案，开展康复医疗和乐龄项目，以及构建老年运动健康服务的区域创新网络，形成连锁运营，增强市场竞争力和品牌影响。这种战略不仅深化了产业融合程度，还确保了老年用户能在任何地点享受到企业服务，提高用户满意度和市场占有率。

（2）要注重服务能力的动态发展与品牌形象的建设管理

在体育产业与养老产业融合的背景下，现代服务型企业的核心竞争力在于其服务能力，特别是在老年运动健康服务方面。这要求企业展现出高度的服务柔性以适应市场的动态变化，克服传统运作带来的服务刚性问题，并保持市场竞争优势。老年运动健康服务短期内难以规模化，且运营商地理分布分散，竞争依赖于产品质量与服务口碑。因此，企业需持续进行市场调研，深入分析老龄群体的康养消费偏好，密切关注老年用户需求的变化。这包括跟踪业界的服务技术和产品创新动态，评估这些创新的潜在影响，并据此调整服务技术与产品组合形式。同时，企业应吸收并应用其他企业的创新成果，提升服务能力。此外，精心构建和管理企业品牌形象也极为重要，通过故事讲述、客户见证等方式传递具有人文关怀的品牌理念，加强与老年用户的情感连接，塑造一个温馨且可信赖的企业形象，从而在市场竞争中保持优势。

第五章　体育产业与文化产业的融合发展

文化的引导性对体育产业的发展有着非常重要的作用。体育产业需要与文化产业有效融合，这种融合不仅推动了体育的社会化和大众化，也促进了体育产业的创新发展。在中国高度重视体育的背景下，推动体育产业与文化产业的深度融合变得尤为重要，不仅可以丰富体育活动的文化内涵，还可以开拓新的商业模式和市场机会，从而形成体育产业发展强有力的支撑。

第一节　体育产业与文化产业融合发展的基础理论

一、文化产业基础理论分析

（一）中国文化产业的兴起

中国文化产业的快速发展既是经济增长和社会进步的必然产物，也是响应人民不断增长的文化和精神需求的具体表现。这一发展过程得益于政府对文化产业在现代社会中作用的深刻理解和积极推动。政府通过引导和扶持政策，推动文化产业的发展。此外，面对经济全球化的大背景，发展文化产业亦成为维护国家文化安全、应对国际文化市场竞争的重要举措。因此，中国文化产业的兴起是国内需求、国际环境及政策支持三者相互作用的结果。

1. 经济发展的必然结果，文化消费的客观需求

随着中国经济的快速发展，人们的生活水平显著提高，消费需求亦随之快速增长，尤其是文化消费需求。从 20 世纪 80 年代开始，随着中国特色社会主义市场经济体制的不断完善，中国经济实现了迅速增长，成为全球经济增长最快的国家之一，并在第一、第二产业稳定增长的基础上，推动第三产业迅速发展，文化产业因此获得了发展的肥沃土壤。随着经济的发展，国内恩格尔系数持续下降，显示出人民的消费需求正从单一的物质需求转向多元化和高层次的精神需求。特

别是当人均 GDP 达到一定水平后，精神和文化消费的比重开始增加，这为文化产业提供了巨大的发展空间。现代经济学研究表明，当人均 GDP 超过 1 000 美元时，人们对物质消费的需求开始减少，而对精神和文化消费的需求开始增加；当人均 GDP 超过 1 500 美元时，对精神生活质量的追求显著提升，会进一步推动文化产业的发展。此外，人们休闲时间的增加也大大促进了娱乐性和消费性文化需求的上升。因此，提供丰富多样的文化产品和服务，满足人民日益增长的文化和精神需求，成为中国文化产业发展的重要责任和机遇。

2. 国家政策上的重视与扶持，体制改革的推动

在知识经济时代，文化产业被誉为 21 世纪的“朝阳产业”，它不仅具有高附加值、高技术含量和低能源消耗的特点，而且在创造经济价值和带动社会文化水平提升的同时，还能增强国家的文化软实力和国际竞争力。随着党和国家对文化产业功能与价值认识的深入，我国的文化产业越来越受到重视。

一方面，政府通过政策倾斜积极引导和促进文化产业的发展。自文化产业概念的确立到文化产业司的设立，国家将发展文化产业提升为国家战略，持续完善相关政策，从而在引导和扶植文化产业发展的过程中发挥了关键作用。

另一方面，中国文化体制改革的逐渐深化，为文化产业的兴起和发展扫清了障碍。完善的文化产业政策体系和深化的文化体制改革理顺了文化产业与文化事业的关系，确立了文化企业的市场主体地位，规范了市场运作体系，释放了文化生产力和创造力。这些改革和政策支持为中国文化产业的兴起和发展提供了关键的保障和动力，使其成为推动社会文化进步和经济发展的重要力量。

3. 技术革命的历史机遇，高新科技的有力支撑

科学和技术是推动文化产业发展的关键因素。历史上，从印刷术到互联网，每次技术革新都极大地改变了文化产业的结构，推动了文化产业的进步。按照法兰克福学派理论，机械的广泛应用标志着文化工业的诞生，这一过程大量生产和传播文化产品。在国际上，欧美和日本文化产业的强大很大程度上得益于先进科技的应用。同样，中国文化产业的快速发展也得益于数字和网络技术快速发展的推动，这些技术不仅改变了文化产品的生产和消费方式，还为文化的全球传播提供了新的平台。

4. 应对国际市场竞争，提高文化软实力的需要

进入 21 世纪，经济全球化已经成为必然趋势，世界性的市场已经形成，文化商品的全球流通给各国的文化建设和文化产业带来了深刻的影响。特别是一些国家依托强大的文化产业，使附带其价值观和国家意识形态的文化商品广泛流通，对很多国家的文化主权安全和文化产业健康发展都造成了威胁。这使得大力发展

文化产业、提高国家的文化软实力成为维护国家文化安全、应对国际文化市场竞争的客观需要。

文化产业除了具有促进经济增长的功能，还具有意识形态导向、教育和审美、文化传播等功能，这使得文化产业在当今的国际竞争中特别是文化软实力竞争中担当了特殊的角色。进入知识经济和信息时代后，国家的文化软实力变得异常重要。美国哈佛大学教授约瑟夫·奈（Joseph Nye）指出，一个国家的综合国力既包括由经济、科技、军事实力等表现出来的硬实力，也包括通过文化和意识形态吸引力体现出来的软实力。文化产业内容如传媒、影视等在世界上的地位与影响在很大程度上决定着一个国家的文化软实力，大力发展文化产业已成为公认的构建和增强国家文化软实力的重要举措。众所周知，“好莱坞”不仅是美国电影和美国文化产业的代名词，还是美国及其世界影响力的代名词，大量的好莱坞大片在世界范围内广泛流通，宣扬着美国的价值观和主流文化；日本的动漫不仅是其国家支柱产业，还成为日本外交的名片。这些文化产品及其影响力都是国家文化软实力的构成因素。面对强势文化的渗透，我们必须积极发展本国的文化产业，满足国内人民日益增长的多元文化需求，同时实施文化产业“走出去”战略，提高国家的文化软实力，维护国家文化安全。

（二）文化产业及其发展模式的基本特性

“内容产业”“创意产业”，这些都是文化产业的别称。抛开严谨与否的争论，这些称谓都揭示了文化产业的一种重要实质，即其产业主体是通过各种载体来传播和表达的精神产品，即文化商品，这与其他传统的实体产业及实体商品有着本质上的区别。文化商品是文化生产经营者通过市场交换向文化消费者提供的精神文化产品或文化娱乐服务。文化产品可能具有一定的实物形态，但即使形态是实物的，其实质内容仍是观念的。也就是说，文化产品在价值上所传递的主要是精神的东西，只是部分文化产品需要附着在一定的物质载体上，就文化商品的本质内容来说并没有发生变化，依然是精神层面的东西。

1. 文化产业的无限生产能力

文化产业具有的无限生产能力并非一个绝对的概念，这只是与实体产业的生产模式相对而言的。

从经济学的角度来说，资源的稀缺性是导致实体商品无法绝对满足市场需求的重要原因。也就是说，没有足够的资源可以生产出足够的实体商品以实现按需分配的人类终极理想。但相当一部分文化产品在一定程度上并不受物质资源稀缺性问题的影响。比如书籍（这并不是指书籍本身，而是指其所承载的内容），在一本书诞生的过程中，所消耗的最重要的资源是人的智慧，而在一定程度上这一资源是无限的，这也就在一定程度上意味着随着人类社会文明程度的不断加深，书籍的生产能力将会越来越强。至于数字化及互联网性质的文化产品则更明显地具有此类性质。当然，充足的原材料供给不一定意味着能生产出大量的有效产品，但根据经济学一般原理，相对过剩的供给势必会导致文化商品市场价值的大幅降低。我们这里所要强调的是，文化产品无论是依附于原有资源（如各类自然、人文景观等）的再生品，还是作为人类理性思维的直接产物（如小说、散文、戏剧、诗歌等），均在相当程度上摆脱了生产中所面临的资源稀缺性限制，从而在理论上有着无限生产的可能。

2. 文化产业的无限复制能力

文化产业的无限性还体现在文化产品具有无限复制的能力。尤其是人类社会已经进入了数字时代，借助各类数字化产品，复制的手段变得相对简单，复制成本也大大降低。

即便是景观、建筑甚至音乐会、体育比赛等现场感较强且更具即时性的文化产品，也可通过各类 3D 设备以及声、光、电的配合在另一空间进行逼真的还原。3D 电影、3D 电视的独特效果使得观众进一步融入其中，感觉眼中所见似是触手可及，令其体会到某种实质意义上的感同身受。当然，仅凭技术手段，也许我们永远无法达到对文化资源和文化产品 100%完美复制的效果，但以此为途径使更多的受众能够更直接地体会其中的文化魅力应是我们努力的方向。

在科技的协助下，通过诸多有效载体，各类文化产品的无限复制能力（这既包括单纯的数量复制，也包括不受空间乃至时间限制的复制）达到了一个全新的高度。实体产业的发展是以产品工业化为基础的，文化产业的发展也是如此。从一定程度上说，文化产业就是使文化产品的生产与复制达到堪比乃至超越工业化生产的水平。①

二、体育产业与文化产业融合的可行性分析

（一）体育产业是一个文化性较强的产业

体育产业不仅是经济活动的一个领域，其核心竞争力也在于其丰富的精神和文化内涵。例如，在国际上，大型品牌赛事如欧洲五大足球联赛、美国职业篮球联赛（NBA）、网球四大满贯赛事等不仅因其高水平的竞技表现受到关注，更因为它们独特的文化魅力和历史传统占据市场主流。相比之下，虽然中国的体育竞赛业在改革开放后有了显著的发展，但在打造具有国际影响力的品牌赛事方面仍

---

① 海梦楠. 民族体育与文化产业融合发展［M］. 长春：吉林人民出版社，2020.

有待加强，如乒乓球和羽毛球等在国际上具有竞技优势的项目，尚未形成足够吸引国内外观众的品牌赛事。

体育赛事的成功，除了依赖于精湛的运动表现，更重要的是其背后所承载的丰富文化内涵。例如，奥林匹克运动之所以成为全球公认的重要的社会性运动，不仅在于它具有激动人心的竞技场面，更在于其推崇的“更快、更高、更强”的奥林匹克精神口号，以及通过体育促进教育和文化，实现人的全面发展的理念。

因此，文化是体育产业可持续发展的关键，能够提升体育产品或服务的市场竞争力。未来，我国体育产业发展应更加重视将文化元素融入产品和服务中，通过提升体育产品的文化品位和形象，不仅能够增强其市场吸引力，也能够更好地满足人们对于高品质文化生活的需求。

（二）体育产业的发展促进文化产业的发展

体育节目在电视及其他各类媒体平台上的流行，不仅使其成为观众喜爱的内容，而且也使得相关栏目在网络和报纸上广受关注。媒体机构利用体育赛事吸引了大量的观众，特别是围绕赛事转播和新闻报道的广告业务，这为传媒行业带来了巨大的经济效益。此外，体育赛事还推动了广播技术的进步，如使用慢动作回放、定格和多画面技术，以及广泛应用的转播车和直升机拍摄设备等，显著提升了赛事的转播质量。同时，为了在电视转播的竞争市场中占据一席之地，网络平台也在体育赛事的视频转播技术上进行了大量的创新和改进。

体育不仅在技术和传播领域发挥着重要作用，还为文化产品的制作和创作提供了丰富的素材。影视作品、文学创作和文艺表演经常从体育赛事中汲取灵感，探索运动员的个人故事、职业生涯和精神风貌。随着体育事业的发展，公众的关注不仅限于比赛的激烈竞争，更扩展到了运动员背后的故事。这些故事为体育电影、电视剧和文学作品提供了丰富的内容，使这些作品深受体育爱好者的喜爱和关注。

（三）文化产业为体育产业的发展提供平台

在文化产业的各个分支中，出版、媒体和影视等行业通过发展体育相关的新业态，如体育出版、体育媒体和体育影视制作，扮演了推广体育产业的重要角色。这些领域不仅提高了体育在社会中的影响力，而且增强了体育的文化价值表达，为体育产业带来了显著的经济效益。特别是电视媒体，凭借其先进的传播技术和广泛的覆盖范围，已经成为推动体育产业发展的核心媒介，有效地将体育赛事和相关内容呈现给全球观众，从而增强了体育活动的吸引力和商业价值。

电视媒体的优势在体育传播中日益明显，成为推动体育产业发展的首要平台。

近年来，中国的电视媒体在增强体育赛事和体育休闲健身市场的可见度方面投入了巨大努力，通过引进国际优秀体育赛事和娱乐节目，促进了市场的开放与国际化。这种策略不仅丰富了国内体育消费市场，还帮助本土体育产业接轨国际标准，提高了整体的竞争力。此外，电视媒体也成为大型体育赛事的重要资金来源，为体育赛事提供了稳定的广告和赞助收入。体育电视及相关领域的快速发展显示出其作为一个产业部门的巨大潜力和商业价值。实际上，体育产业与文化产业的融合体现了行业渗透和学科交叉的现代化发展趋势。例如，体育健身娱乐活动不仅为公众提供了参与的机会，也促进了文化市场的多元化发展，优化了公众的闲暇时间分配，提高了公众精神生活的质量。

三、体育产业与文化产业融合的机理与瓶颈

（一）体育产业与文化产业融合的机理

1. 核心行业具有产品形态和价值取向

在文化产业中，核心行业如新闻、出版、广播、电影、电视、文化艺术等，以及众多新兴的外围行业，都致力于创造和提供精神产品。这些产品通过满足公众的文化需求，丰富了人们的精神生活。在这一过程中，符合社会主义核心价值观的精神产品得到了繁荣发展，这不仅提升了国民的思想道德水平和科学文化素养，也促进了人的全面发展。此外，它还增强了国家的文化软实力，为坚持和发展中国特色社会主义提供了坚实的精神支柱。

体育产业中的体育竞赛表演业和体育休闲健身业作为文化产业的重要组成部分，不仅提供了丰富的具有观赏性和体验性的精神产品，还丰富了人们的文化生活并满足了大众的精神和文化需求。这些体育活动为人们带来精神上的愉悦，并具有积极推动社会主义核心价值体系建设的作用。文化产业和体育产业在提供精神文化产品方面的相似功能和价值取向成为这两大产业融合的坚实基础。随着两个产业的进一步融合，它们将共同发挥更大的社会和文化作用，进一步推动社会主义核心价值体系的深入人心，为社会的全面进步提供强大的精神动力。

2. 体育产业与文化产业的产业共生

体育产业与文化产业之间存在竞争关系，同时也在局部产生相互促进、相互推动的产业效果，即存在产业共生现象。共生具有两个特点：一是“紧密工作”；二是因与对方的联系而繁荣发展，即产生“共生绩效”。部分体育学学者对体育产业与文化产业的相互依赖、相互促进及产业共生关系进行了探讨。黄河认为，“体育产业发展不是一个孤立的、单一的发展过程，它与产业结构中其他的产业，

如政治、经济、文化等相互影响、相互促进、相互制约”[①]。卢元镇、郭云鹏等指出，“体育产业的发展不能单靠自身，而必须与其他相关联的产业同步发展”[②]。董金国认为，“体育产业能够带动与体育相关的文化（新闻电视、音像、出版等）、信息咨询服务等市场”[③]。周莹也认为，体育产业对相关产业如旅游业、广告业等有带动作用[④]。吴周礼认为，“电视传媒业把体育竞技表演业作为投入品，对体育竞技表演业有着强劲的拉动作用；同时，体育竞技表演业的提升会反向推动体育电视传媒业产值的提高”[⑤]。体育产业中的体育竞赛表演业因为电视、网络等文化媒体机构的广泛传播而日益繁荣，而媒体业也因为体育竞赛表演业的繁荣而通过出售广告时段获益颇多。体育产业与文化产业在现代社会的联系越发紧密，并因此促进双方的繁荣发展，符合产业共生的特点。

3. 体育产业与文化产业的产业融合

随着21世纪的到来，世界产业发展展现了集聚化、融合化和生态化的新特点。产业融合的概念最初源于对信息通信领域的研究，并逐渐扩展到其他领域，包括体育产业和文化产业。这两大产业不再是独立运作的封闭系统，而是在相互促进和共生的基础上形成了产业融合的趋势。

体育产业的发展已经深入制造业及服务业如传媒、培训和广告等领域，实现了从产品融合到组织融合再到市场融合的深度发展。此外，体育产业与电子游戏、媒体、旅游及博物馆等文化产业的融合，不仅增强了各自的产业竞争力，还促进了产业结构的优化与升级，为产业发展开辟了新的路径。

（二）体育产业与文化产业融合的瓶颈

1. 规制瓶颈

随着产业融合的推进，原有的产业界限变得模糊，这对现行的政府规制体制与政策提出了挑战。传统的规制体制和政策往往建立在产业界限清晰、分立的基础上，如文化产业和体育产业在我国就分别归属于文化部门和体育部门，各自受到不同的规制政策影响，在税收政策、行业准入、活动审批与管理等方面有明显的差异。这种分立的规制体制，在面对文化产业与体育产业融合发展的需求时显得难以适应，成为制约两者融合发展的瓶颈之一。

---

① 黄河. 论广西体育产业发展对民族文化的影响［J］. 广西民族大学学报（哲学社会科学版），2007（6）：72-75.

② 卢元镇，郭云鹏，费琪，等. 体育产业的基本理论问题研究［J］. 体育学刊，2001（1）：41-44.

③ 董金国. 论体育产业面临的机遇与挑战［J］. 体育与科学，2001（2）：36-37.

④ 周莹. 对提升我国体育文化产业竞争力的思考［J］. 经济与社会发展，2008（6）：132-134.

⑤ 吴周礼. 电视传媒对体育产业发展的影响［J］. 体育文化导刊，2006（9）：44-45.

2. 内容瓶颈

体育产业与文化产业的融合至关重要，尤其在创新价值和文化内涵的充实方面。目前，我国体育产业在赛事开发和品牌活动的吸引力方面存在不足。许多职业赛事虽然在管理和运作方面有所改进，但仍面临竞技水平提升和有效包装的挑战，导致职业赛事市场的整体发展不足。在体育内容创造方面，主要问题有两个。首先，当前的文化产品缺少强有力的体育内容支持，一些体育题材的文艺作品聚焦于体育界的负面新闻，这影响了体育文化正面价值的传播。其次，由于缺乏有吸引力的内容，传统的文化产业平台如电视和报纸难以持续吸引观众的注意力，这导致了一些地方体育电视频道的撤销和体育类报刊的停刊。

3. 体育产业缺少自主品牌

体育产业的发展受制于自主品牌的缺乏，尤其是国际影响力的不足，如中国男子篮球职业联赛（CBA）虽在国内有知名度，但国际影响力有限。国内体育产业缺少明确的文化内涵和高水平职业赛事，导致发展氛围不足，规范和管理也较为薄弱，削弱了其综合竞争力。为提升体育产业的规模和竞争力，应加强品牌建设与国际推广，提高赛事质量，深化体育文化内涵，完善行业管理规范，以及推动市场化运作。这些措施将帮助体育产业增强品牌影响力，提高市场竞争力，促进其健康持续发展。

4. 传播平台资源不足

文化传承与推广大都依赖于媒体的有效传播，尤其在体育产业中，赛事的过程与结果的传达对于信息平台的依赖性极高。如果新闻传播渠道不畅，将影响大众及时获取赛事信息，降低赛事的时效性和观赏体验。在中国，大部分体育赛事的转播权集中在央视体育频道，而地方体育频道由于资金和技术限制，难以进行赛事转播。这种情况限制了体育产品扩大影响力的能力，造成了传播资源的独占，阻碍了体育品牌共赢的可能性，对体育产业与文化产业的协同发展产生了不利影响。

5. 综合性人才缺乏

体育产业与文化产业的融合发展急需高素质人才，但目前这两个领域面临人才培养模式落后、专业人才短缺的问题。常见的挑战包括专业人员对文化知识或体育内容的理解不足，以及管理和策划专业人才的缺乏，这些问题制约了两个产业的有效融合与发展。为应对这些挑战，需要创新人才培养机制，强化跨学科教育，为现有从业者提供持续教育与专业培训，以适应行业发展需求。同时，鼓励国际合作与交流，引进先进教育资源和经验，建立有效的激励机制，以吸引和留住有才能的人员，为体育产业与文化产业的融合发展提供持续的动力和支持，从而推动其合理化、科学化的发展。

第二节　体育产业与文化产业融合发展的主要路径、对策与建议

一、体育产业与文化产业融合发展的主要路径

体育产业在中国构成了一个多元并举、项目全面的产业体系，核心包括竞技健身娱乐业、体育竞赛表演业、体育培训业、体育中介业和体育用品业。这个体系拥有巨大的发展潜力。与此同时，文化产业正在向技术平台驱动转型，核心是数字化，涵盖从互联网文化内容生产到流通及服务的全方位业务，包括游戏产业、视频业、资讯业、电视与电影业、出版及微博与论坛等关键业态。体育产业与文化产业的融合得益于两者在内容体系、产品特性、受众对象、管理体制及发展模式等方面的相似性。

文化产业通过消除时空限制和简化传播途径，架起了连接体育产业与国际市场的桥梁，使体育内容能更迅速、直接地满足大众的需求。但是，过去对体育产业认识的误区，如忽略市场消费者的实际需求和体育文化理念的弱化，导致了中国体育人口增长缓慢、市场稳定性和竞争力不足。相比之下，文化产业对网民需求的高度关注与体育产业对其受众关注的不足形成了明显的对比，进一步凸显了体育产业在发展和市场推广方面存在的不足。

在网络时代，体育产业与文化产业作为各自的主体，越来越依赖于满足互联网用户和活跃体育观众的需求。这两个产业之间的互动关系变得至关重要，需要淡化二者之间的界限，强调共同和协调发展。特别是体育产业，虽然正在经历一个体育文化消费的高速增长期，但由于战略定位、政策支持和发展模式的不均衡，其潜力并未被完全发掘，这限制了体育市场的进一步扩展。因此，体育产业必须利用文化产业的发展优势，如跨越时间和空间的整合优势以及资源的集中效应，来克服这些发展障碍，推动产业化和市场化的过程。通过这样的方式，不仅可以更好地满足市场的需求，还能促进体育产业与文化产业的联动发展，共同推动社会和经济的进步。

实现体育产业与文化产业的有效联动，需遵循体育产业的发展规律，同时利用两个产业的资源集聚与优势互补性。这可以通过将文化产业的优势资源整合到体育产业的产品创新、业务模式创新及运营创新中来实现。这种跨界整合不仅可

以拓宽体育产业的发展空间和市场范围，而且能显著提高整个产业的生产效率和市场竞争力，从而推动体育产业向规模化和专业化方向发展。这样的发展策略，能够使体育产业与文化产业相互促进，共同成长，达到双赢的目标。

二、体育产业与文化产业融合发展的对策与建议

（一）构建合作平台，相互借鉴成功经验

随着体育产业与文化产业各自的成熟与发展，两者之间的融合逐渐趋向于对于广阔合作平台的需求。文化产业提供了一个强有力的平台，能够通过合作机制为体育产业带来资源共享的机会，将体育活动更有效地融入主流文化平台中，从而达到更广泛的宣传和推广效果。在体育产业的具体发展策略中，应当注重培养和推广具有市场潜力的体育自主品牌，同时创新和推广具有时代特色的体育项目。此外，借鉴文化产业的成功经验，利用其成熟的传播平台来提升体育品牌的知名度和市场影响力，是推动体育产业进一步发展的关键策略。

文化产业与体育产业合作的关键在于创建个性化、独特化的产品，以满足公众需求并推动两个产业的共同发展。例如，利用电视台、门户网站或报刊等传统和新媒体平台，可以吸纳和推广创新的体育内容，结合体育传播业的资源，如体育赛事，推动文化内容的创新和发展。

加强文化和体育平台的建设不仅增强了文化产业本身，还为体育以及其他文化资源的整合提供了必要的技术基础和载体。这一策略包括积极引入国际知名的体育赛事与品牌娱乐活动，并结合中国的具体情况，策划高互动性的精品体育项目，这将显著提升体育产品的文化内涵。此外，通过促进体育活动与其他文化活动如文艺、演艺、媒体、出版及民族节庆的融合，可以打造具有中国特色的健身娱乐产品和知名赛事品牌，这不仅满足了市场需求，还显著提升了体育产业的市场影响力和文化价值。

总之，在体育产业的发展过程中，应积极借鉴文化产业的成功经验，将其改革与发展理念融入体育产业，同时探索体育产业中的有效运作方式，如奥运会相关产业的运作，为文化产业的发展提供借鉴，这样的互动与联动将极大地推动两个产业的共同繁荣和发展。

（二）建立协调机制，深化规制体制的改革

在市场经济环境中，体育产业与文化产业的融合发展依赖于一个健全的机制，该机制能够协调推动这两个产业的协同成长，并创造一个优越的发展环境。为实现这一目标，管理部门必须充分认识到推动规制体制改革的重要性，这是推动产业融合的核心驱动力。政府需要根据体育产业与文化产业融合的具体需求，重新

审视和调整现有的规制体系及政策，创建一个既具前瞻性又科学的规制新框架，确保产业融合能有效进行。这种制度框架的建立不仅顺应当前产业发展的趋势，还能保障政策的一致性和执行的效率，从而有效促进体育产业与文化产业的进步与发展。

此外，为了有效消除行业间的壁垒并促进产业融合，建立一个新的协调机制显得尤为重要。这个机制应由负责文化、体育和宣传事务的政府高层牵头，涵盖发改委、文化、体育、宣传、广电、教育、旅游、财政、工商等相关部门，形成一个综合的政策协调组织。该组织的主要任务是确保政策的一致性、资源的共享以及资源配置的统一性。

同时，加快立法进程，制定并推出鼓励产业融合的政策也非常关键。这些政策应特别支持那些积极探索产业融合的企业和个人，帮助他们克服融合过程中可能遇到的困难和挑战。对于新兴的业态，建议继续实施融合前某产业所享有的政策优惠，以消除任何可能的顾虑和障碍，确保产业融合的顺畅进行和可持续发展。

（三）提升文化品位，走内涵式发展道路

1. 加强对体育非物质文化遗产和民俗的保护

在保护和传承体育非物质文化遗产的同时，挖掘其经济潜力非常重要。为了适应现代产业开发的需求，体育非物质文化遗产项目需要根据当前的时代特点和消费者需求进行适当的包装和改造，使其成为具有独特特色的体育和文化品牌产品。例如，选择那些具有高娱乐性、趣味性和观赏性的项目，如各种民俗体育活动，这些活动通常充满浓郁的乡土气息和地方特色。通过这种方式，可以开发出具有深厚文化底蕴的体育文化旅游和体验活动，这些活动不仅能为体育爱好者和游客提供独特的观赏和参与机会，还能展现各民族和地方的体育文化。此外，这样的活动能有效激发参与者的文化认同感和参与热情，从而在保护和传承文化遗产的基础上实现其经济价值的提升。

2. 策划文化内涵丰富的体育赛事和活动

利用中国丰富的历史文化和多样的自然环境，策划具有深厚文化底蕴的体育赛事和活动，可以极大地提升这些赛事和活动的文化价值和吸引力。将这些赛事和活动打造成体育精神与文化内涵相结合的项目，不仅展现了体育的挑战性和趣味性，还强化了文化的传承和创新。例如，在策划城市马拉松等赛事时，赛道可以巧妙地将城市的文化地标串联起来。这样的路线安排不仅让参赛者在比赛过程中欣赏到城市的美景和文化特色，也为观众提供了一种全新的文化体验方式。在此过程中，需要精心考虑如何保护文化古迹，确保不对其造成任何损害。此外，

赛事的开放性是吸引公众参与的关键。通过允许各个水平的参与者加入，这些体育活动不仅成为体育爱好者展示、竞技的舞台，也为普通公众提供了参与和体验的机会。

3. 营造职业赛事发展的良性文化环境

在我国体育产业的发展中，职业联赛面临着多种挑战，其中文化环境的不良因素尤为突出，这包括赛事中的不正当行为等，这些都严重影响了联赛的公信力和吸引力。因此，构建积极、健康的职业联赛文化环境是推动体育产业发展的关键。这需要借助社会主义核心价值体系来引领职业体育的文化建设，弘扬爱国主义和改革创新的精神，通过教育培训、改善管理监督、积极的文化塑造和宣传，以及增强社区与观众参与等措施，营造一个公正、积极的职业体育环境。此外，还应加强立法支持，出台鼓励产业融合的政策，并对积极探索产业融合的企业和个人进行支持，确保体育产业与文化产业的协调发展，最终实现体育产业的市场化和产业化，吸引更多观众回归体育赛事。

4. 重视“草根体育”文化的重要性

“草根体育”在中国体育领域逐渐显现其独特的社会和文化价值。这种由社区和普通民众自发组织的体育活动不仅展示了大众在娱乐、竞技和团队合作方面的热情，还体现了一种平民化的休闲方式和拼搏精神。“草根体育”文化深受欢迎，其粗糙的外表下蕴含的是参与者的真实的快乐和对体育本质的理解。这种文化通过简朴而纯粹的方式，不仅丰富了人们的文化生活，增加了体育人口，还积极地促进了体育产业的发展，并对构建社会主义核心价值体系做出了贡献。“草根体育”通过为普通人提供参与的机会，使更多人体验到体育活动的魅力，从而推动了体育文化的普及和产业的繁荣。

5. 加强体育产业部门与文化产业部门的积极合作

体育产业部门可以通过整合文化产业的人才资源，引入具备创意能力的文化专业人才来提升体育活动的文化内涵和市场吸引力。这种策略包括对体育活动进行专业的文化包装和策划，以增强其文化品位和公众吸引力。同时，应利用广播、电影、电视、报刊和网络等多媒体渠道，积极推广全民健身的理念，提高公众对体育的人文价值的认识。此外，体育部门还应强化与文化、宣传、广电等部门的协作，共同策划和举办结合体育与文化的各类活动，如国际体育电影节、体育文学大赛、体育收藏展等，通过这些活动深化体育精神的社会影响力，促进体育文化的广泛传播。这种跨部门合作和文化融入将有效促进体育活动转化为公众的自觉行为，同时提升体育活动的整体文化水平和社会认可度。

（四）实现产业创新，推动体育与文化融合

创新在有效推动体育产业与文化产业的融合发展过程中起着至关重要的作用。创新不仅能增强产业的竞争力，还是持续发展的关键驱动力。体育产业与文化产业的结合通过内容与功能的创新，为公众提供了更多元化、娱乐性强且具有创造性的产品和服务。例如，引入如滑雪、瑜伽等新的体育项目，这些活动不仅有助于缓解公众压力，还促进了体育用品的创新与销售，推动体育产业的整体发展。随着体育项目的多样化和内容的不断创新，体育产业在市场中的影响力和占有率逐渐提高，这种增长进一步促进了文化产业的扩展和繁荣。

此外，应该积极推动体育内容与文化平台的整合。利用文化产业的平台优势，如电视的直观性和即时转播的特点，可以大大扩大体育赛事和娱乐活动的影响力，并帮助构建体育品牌。例如，通过电视转播大型体育赛事，可以有效地提升赛事的观众覆盖率和品牌价值。

同时，体育元素与文艺创作的融合也非常关键。文艺创作者可以从体育的精神和发展中提取灵感，创作出富有思想性、艺术性和观赏性的作品，如体育主题的影视、音乐和文学作品，不仅赞颂了体育精神，也展示了体育事业的社会价值。

（五）不断培养复合型、管理型、创新型人才

解决体育产业与文化产业融合发展过程中综合型人才短缺的问题是促进这两个行业联动发展的关键。随着经济的发展和市场的日益成熟，产业发展对人才的要求越来越高，尤其需要具备多领域知识和技能的复合型人才。目前，体育产业与文化产业在人才培养方面存在明显的区别，这两个领域所需的专业人才在理论和实践上往往不相交叉，这加剧了人才匮乏的状况。为了推动体育产业与文化产业的深度融合，建议成立专门的联合发展中心或研究机构，这些机构不仅能够提供培训和教育，还能成为人才交流和资源共享的平台。这样的平台可以帮助人才在体育和文化领域间进行知识和经验的互补，同时也能通过定期的研讨和交流活动，营造出相互学习、互助互鉴的良好氛围。此外，这些职能机构还能跟踪和研究国内外体育产业与文化产业的最新发展趋势，为两个产业的项目开发和政策制定提供科学的决策依据。

有效的人才吸纳策略也是必不可少的，可以通过多渠道宣传推广，激励有潜力的人才加入体育产业与文化产业融合发展的事业中。通过这些措施，可以最大限度地发挥复合型人才在推动体育产业与文化产业融合中的作用，进而推动两个产业的共同进步和繁荣。

第六章　休闲体育产业与农村休闲产业的融合发展

休闲体育活动如攀岩、滑雪、登山等，因其亲近自然的特性，非常适合在郊区和农村地区开展。这些活动与农村休闲产业的结合可以创建独特的旅游体验，不仅丰富了农村的旅游内容，还促进了当地经济的发展。本章通过理论和实践两个方面对休闲体育产业与农村休闲产业的融合进行论述，并以成都市农商文旅体融合为例，分析了乡村振兴战略下的农体融合实践创新形式。

第一节　观光农业与休闲体育产业融合的理论探索

一、观光农业中的休闲体育概念及特征

（一）观光农业的概念与特征

"观光"一词最早出现于《周易》中，"观国之光，利用宾于王"。观光的定义可以划分为两种主流理解：一种是简单的观看和欣赏；另一种则与旅行紧密相关，包括观赏、度假、休闲、娱乐、健身、探险等多种活动。

观光农业是一种结合了农业与旅游业的新兴产业形式，它利用农村丰富的自然资源和农业活动，为游客提供了一个接触自然和体验农业生产的平台。这种模式不仅展示了农业的生产功能和生态旅游的价值，还通过提供独特的旅游体验，改善人们的居住环境质量，同时满足人们对休闲和旅游的需求。

随着社会生产力的提高和人们生活水平的提升，人们拥有了更多的自由时间，同时面临日益增长的生活压力和环境破坏问题，因此对新型休闲旅游形式的需求不断增加。观光农业恰好满足了这一需求，游客不仅能够在美丽的自然环境中放松身心，还通过参与农业活动体验了农民的生活方式，了解了食物的来源，增加了与农业和自然环境的亲密接触。此外，观光农业对于促进地区经济发展具有显

著的效益。它不仅提高了农民的就业率，还增强了城乡之间的文化交流，有助于缩小城乡差距，打破农村地区发展的瓶颈。通过展示高新技术在农业中的应用和地域特色农产品，观光农业还能提升农业的技术水平和市场竞争力。

广义的观光农业不应仅围绕单一农业项目进行开发，而需构建一个综合性的产业生态，以确保旅游和农业经济的协调与健康发展。① 观光农业融合了农业与旅游业的属性，发展这一新型产业具有多方面的特点和优势。具体来说，观光农业主要展现出以下六大特性。

第一，生产性。观光农业以农业生产为基础，不仅生产传统的农产品，还能生产有机和特色农产品，这些产品能够满足现代消费者对高品质生活的追求。例如，有机蔬菜和水果、具有地域特色的手工艺品等，都是观光农业可以提供的独特产品。

第二，观赏性。通过精心设计的农场布局，如美丽的花田、整齐的果园、生态的动物园等，观光农业为游客提供了丰富的感官体验。游客可以在自然美景中放松心情，享受宁静与美好。

第三，娱乐性。观光农业通过创建娱乐和休闲设施，如野餐区、垂钓池、迷宫、儿童游乐场等，增加娱乐元素，使游客的体验更加多样。

第四，参与性。观光农业鼓励游客直接参与农业活动，如采摘水果、喂养动物、种植植物等。这种互动性强的参与方式使游客能够体验农业劳动的乐趣，同时学习有关农业的知识。

第五，文化性。农业本身就蕴含着深厚的文化价值。观光农业利用这一点，通过展示传统的农业技术、农耕仪式、农村传统节日等，增强项目的文化深度，让游客了解和体验地方文化的独特魅力。

第六，市场性。观光农业主要面向城市居民，特别是那些渴望逃离城市喧嚣、体验自然和农村生活的人群。观光农业园区通过有效的市场营销策略，如节庆活动、主题旅游等，吸引城市游客前来体验和消费。

（二）观光农业中休闲体育的相关知识

1. 观光农业中休闲体育的概念

21 世纪，随着人类社会的进步，人们拥有了越来越多的休闲时间，具有休闲娱乐、完善自我、提高生活质量功能的休闲体育逐渐成为现代人生活中不可缺少的部分。现今，人们休闲活动的主要选择已经转移到接近自然、使人轻松愉快的体育项目上，观光农业与休闲体育的组合在这一发展背景下具有得天独厚的优势。

---

① 熊丙全，李谦，刘益荣. 浅析我国观光农业的发展趋势［J］. 四川农业科技，2010（3）：10-11.

观光农业中的休闲体育是指，在观光农业发展的基础上，为了增加观光农业的趣味性、娱乐性，提高观光农业旅游中游客的参与度，一些地区把一些休闲体育项目加入进去，并结合观光农业园区所处的地理位置，进行适度的开发改造，以适应观光农业的发展需求。

2. 观光农业中休闲体育的特点

观光农业休闲体育属于休闲体育的范畴，但与休闲体育也有区别，其与休闲体育的不同之处主要表现在两个方面。

第一，与农业结合度大。观光农业休闲体育的发展是建立在观光农业的基础上的，所以观光农业休闲体育与农业结合紧密。

第二，项目开发具有局限性。由于观光农业休闲体育与农业的紧密联系，注定了其在开发项目时会考虑与农业相结合的项目，很多项目会由于条件限制无法开发。

二、国外观光农业与休闲体育产业融合的启示

（一）国外观光农业中休闲体育的发展进程及特点

1. 国外观光农业中休闲体育的发展进程

研究国外观光农业与休闲体育结合的发展模式对我们来说具有宝贵的借鉴意义。国外观光农业的发展历史较长，类型丰富。例如，自 19 世纪 50 年代以来，欧洲的“乡村旅游”就开始以观光农业的形式出现。到了 20 世纪 30 年代，欧洲的观光农业进入快速发展期，许多国家开始效仿。20 世纪 70 年代以后，随着全球政治气氛缓和和经济建设的推进，观光农业得到了进一步的丰富和发展。

多种观光农业形态在国外已经形成，包括观光农业园、家庭农场、度假农庄、农业公园、乡村民俗馆和生态农业园区等。这些模式根据各自地区的文化和地理条件，展现了多样化的发展形式。21 世纪初，一些国家开始将休闲体育活动融入观光农业中，这种结合为观光农业带来了新的发展方向和活力。因此，对于中国来说，借鉴国外成熟的观光农业模式并将休闲体育活动融合其中，是一个值得探索的方向。中国具有丰富的农业资源和多样的文化背景，可以选择适合国情的发展模式，结合本土特色和市场需求，发展具有“中国特色”的农业观光与休闲体育结合模式。这不仅能丰富国内的旅游产品，还可以促进地方经济的发展和文化的传承。

（1）萌芽阶段

在观光农业发展初期，这一概念尚未明确，主要表现为上层社会为了休闲娱乐而进行的农村游览活动，没有形成专门的观光区或接待设施。城市居民到访农

村主要是为了体验农民的生活，如在农家吃饭、住宿，甚至参与农活，但这些活动并未作为商业项目被开发或管理。当时的农民提供简单的食宿服务，未通过观光旅游收取额外费用，因此这一阶段的观光农业更多的是偶发的文化交流，而非正式的经济活动。随着人们对休闲体验需求的增长，观光农业逐步被重视并开始向系统化方向发展。

（2）观光阶段

20 世纪中后期，观光农业经历了快速的发展阶段，形态日益多样化。这个时期，观光农业已经不仅仅是简单的田园风光欣赏，而是形成了具有专门观光功能的农业园区。这些园区内部通常包括粮食作物、花卉、树木、水果、家畜及家禽等，形成了一个生态丰富的观光环境。此外，观光农业园区不仅提供观光服务，还拓展了购物、餐饮、住宿等综合服务功能，逐渐形成了一个综合的休闲娱乐目的地。此时，观光农业的主要形式包括观光牧场和农业公园。

（3）度假阶段

20 世纪 80 年代以来，人们外出旅游不再仅仅满足于观光欣赏，希望寻求一种参与性、刺激性更强的旅游方式。观光农业园为了满足市场的需求，也相应地改变了其单纯的观光性质。因为休闲体育具有娱乐性、刺激性、参与性等特点，此时观光农业园中开始出现大量的休闲体育项目，如垂钓、登山、攀岩、远足等。

2. 国外观光农业中休闲体育的发展特点

国外观光农业中休闲体育的发展具有以下特点：大多以具有地方或者文化特色的农场、庄园为基础来发展观光农业休闲体育；西方国家政府对观光农业休闲体育的发展非常重视，通过出台一些与之相关的政策来鼓励观光农业休闲体育的发展，如开发政策、土地政策、资金扶持政策、人才培养政策等；国外观光农业休闲体育的主要客源是受教育水平较高且经济条件较好的人；国外的观光农业休闲体育大多融欣赏、参与、购物、游玩等于一体，内容具有多样性。

（二）典型国家观光农业中休闲体育发展概况

1. 西班牙

在西班牙，自 19 世纪 60 年代起，国家便开始利用本土丰富的历史建筑资源，如城堡和大型农场，将它们改造成“帕莱多国营客栈”，专门接待游客，并以此推动观光农业的发展。这些设施不仅为过往的游客提供住宿服务，还在观光农业社区中增设了各类休闲体育项目，如垂钓、登山、漂流和划船等，丰富了游客的体验。此外，西班牙政府也在高等教育层面下功夫，通过在高校开设相关专业来培养专门的观光农业人才，以支持该产业的持续发展。

2. 美国

美国的观光农业发展则突出体现在政府的政策和资金支持上，尤其在东北部地区，观光农场的数量超过1500家，每年吸引约1500万名游客。这些农场通常提供亲自采摘新鲜果蔬的体验，同时也推广各种特色活动，如乡村音乐会、破冰垂钓比赛等。由于美国农村地区人口稀少，政府的支持不仅有助于解决劳动力短缺问题，还促进了农副产品的销售。同时，美国政府对观光农业实施了严格的管理法规，确保游客的健康与安全，如要求农场内必须设立流动厕所和饮用水源，以及在公共场所提供消毒水等。

3. 法国

乡村旅游在法国开展的历史可以追溯到百年前，发展到目前已经有了相当的规模，并且已经发展出了规范化的模式。20世纪70年代以来，随着一周五天工作制的实行，越来越多的工人开始在业余时间种菜，越来越多的城市居民在闲暇时间到远离城市的乡村去旅行度假。许多城市居民发展出了种菜的爱好，并且纷纷在乡村建设自己的第二个住宅。

在法国，观光农业主要有三种类型，即传统型、都市型、度假型。传统型观光农业主要向游客展示不为人们熟知的农业生产过程，如在法国农村酿造葡萄酒的一些作坊里，游客可以参观或在作坊工人指导下体验酿造葡萄酒的全过程；都市型观光农业主要是在城市小区内或者郊区建立小型的农场或者农业公园，在园区内可以欣赏到珍贵林木、珍稀动物；度假型观光农业主要在森林、牧场、果园等地进行开发改造，吸引游客在闲暇时间前去度假，在度假景区内会开设一些户外休闲体育项目，如真人射击游戏、垂钓、远足、登山等，使游客获得与其他类型的景区不一样的旅游体验。

（三）国外观光农业中休闲体育发展经验与启示

1. 政府方面

（1）政策扶持

政府要在观光农业园区的规划方面给予引导和重视。观光农业休闲体育并不是自然而然形成的，而是通过政府制定一系列有利政策扶持推动逐渐发展起来的。在休闲文化发达的美国，休闲服务分别由政府、非营利性服务机构及营利性服务机构来实施。[①] 政府要重视对观光农业园的规划与指导，不仅重视园区硬件的投

① 关金永. 我国休闲体育的现状、影响因素及发展前景［J］. 南昌教育学院学报，2011，26（3）：175–176.

入和建设，也重视软件的配套。在开发休闲体育项目时，政府应对本地区的文化特色和地理资源进行深度挖掘，一定要做好前期的市场调研，引导企业科学合理地开发休闲体育项目。观光农业休闲体育与农业项目开发不同，也不同于传统的旅游项目开发，它的发展必须兼顾农业、环境、生态、环保、教育、经济、社会、旅游、医疗、文化等方面，只有这样，观光农业才能走上健康发展的道路。政府应该对观光农业休闲体育的发展给予足够的重视，并且在政策、资金方面提供支持，以促进其快速发展。

（2）制定和完善相关的法律法规

我国政府一直对观光农业的发展非常重视，但目前我国观光农业的发展仍缺乏宏观调控和指导，政府应该根据各地区不同的情况制定相关的法律法规，对我国观光农业休闲体育的发展加以引导和约束，使观光农业休闲体育走上科学的可持续发展道路。

（3）注重人才培养

因为观光农业休闲体育是一种新型的产业，不仅涉及新兴的观光农业，而且有休闲体育项目融入其中，所以政府应打造观光农业和休闲体育人才的交流平台，并选择优秀的人才负责开发工作，并在部分高校设立专门的学科进行专业人才的培养，以满足未来几年相关专业技术人员的需求。

（4）加强地区间和国内外的合作交流

观光农业休闲体育的发展与政府的重视密不可分。政府可以划拨专门的土地进行前期的规划和开发，以吸引投资者进行深入开发。在观光农业的发展过程中，要注意加强各地区间和国内外的合作交流，促进其健康发展。

2. 投资管理者方面

（1）科学规划

观光农业休闲体育项目的开发在以本地环境资源为基础的前提下，要对周边其他地区进行考察，不要开发与周边地区观光农业休闲体育相同的项目，要深度发掘本地区特有的文化资源和环境资源，对本地区的观光农业休闲体育项目进行科学的规划。在农、林、牧、渔业生产，农家生活、渔村文化、田园景观、自然生态中融入休闲体育活动，促使人们充分体验并积极参与观光农业休闲体育活动。

（2）开发的项目要适应市场需求

要紧密结合市场，以本地资源为基础，不断创新，形成项目开发的稳定性和长效性，并确定观光农业园区项目的开发方向。项目的设计应遵循市场的需求，并深度发掘项目的趣味性、参与性、娱乐性。项目的开发还应该与本地资源、文化特色相联系。

（3）完善服务体系

当一切硬件设施已经完善后，决定一个项目成功与否的关键就在软件方面。观光农业休闲体育必须重视自身的服务，只有服务意识提高了，才能在以后的竞争中占据有利地位。必须建立专门的服务团队，对自身的服务水平进行自我监督、反馈，对其他行业成熟的服务方式进行扩展融合，重视与其他产业的合作。

（4）发展出适合观光农业休闲体育的服务体系

我国目前有些观光农业休闲体育园区的发展处在一个封闭式的思维模式中，难以实现规模化。同时由于部分观光农业休闲体育园区是由农民自己开发的，农民思想中的局限性在一定程度上制约了观光农业休闲体育园区的发展，不能适应观光农业发展和游客的需求。观光农业休闲体育园区的管理者应根据本地区经济发展水平决定价格，培训有专业技能的高素质的员工，以提高服务质量，创造出具有本地区特色的品牌，凭借品牌效应吸引顾客。然后与其他产业进行交流，形成相互促进融合的格局，实现全方位发展。

（5）建立观光农业休闲体育网站

观光农业休闲体育网站建设也要具有个性化特色，以吸引游客的眼球，不能千篇一律，要着力宣传园区特色项目，为游客提供便利，有效降低交易成本，为游客提供真实及时的信息。

三、我国观光农业中休闲体育产业的发展优势与发展建议

（一）我国观光农业中休闲体育产业的发展优势

1. 我国发展观光农业休闲体育产业的地理优势

我国的自然地理多样性为观光农业和体育活动提供了丰富的资源和多样的场景。南方以热带奇珍树木为特色，北方则以林海雪原著称。东部沿海区域拥有休闲度假村，西部则以草原和沙漠景观吸引游客。这些地理特色为开发各种类型的观光农业休闲体育园区创造了条件。

我国是一个湖泊资源丰富的国家，拥有 2800 多个面积超过 1 平方千米的天然湖泊，总面积约 8 万平方千米，其中约 45% 为淡水湖泊，适合开展各类水上运动。此外，截至 2020 年，我国的人工造林和森林修复面积达到 677 万公顷，全国森林总面积为 2.2 亿公顷，森林覆盖率为 23.04%，森林蓄积量为 175.6 亿立方米，为野营、登山、徒步旅行、冬季体育项目等活动提供了理想的场所。我国的河流系统同样也很庞大，河流总长度达到 43 万千米，拥有 5 万多条面积在 100 平方千米以上的河流和 1500 多条面积在 1000 平方千米以上的河流。此外，我国海域面积约为 470 万平方千米，适合开展划船、冲浪、沙滩排球等多种海滨活动。

在南方及东部沿海，由于地理位置等原因，水上运动如冲浪、赛龙舟、沙滩排球等休闲体育项目开展的热情非常高；而在西部草原及北方山区开展得比较好的项目有滑草、滑雪、攀岩、徒步等，极大地丰富了人们的旅游活动。各个地区根据自己的地理资源优势开发出了具有地方特色的休闲体育项目。观光农业与休闲体育的结合使地理资源得到充分的利用，为观光农业及休闲体育的发展找到了新的思路。

2. 我国发展观光农业休闲体育产业的基础优势

我国拥有丰富的农业资源和深厚的历史文化底蕴，这为观光农业和休闲体育旅游的发展提供了独特的条件。首先，我国的农业文明可追溯至几千年前，现代农业技术与传统农业文化的结合为观光农业提供了丰富的实践基础和文化内涵。其次，随着城市化进程的加快，城市居民的生活节奏亦随之加速，人们对旅游度假的需求日益增加，旅游观念持续更新，不再仅仅满足于传统的自然或文化遗迹观光，而是向往那些结合田园风光与休闲娱乐功能的郊区或农村地区。此外，现代人寻求的旅行体验更注重参与性和刺激性，体育活动因其囊括游戏、娱乐、健身等多重功能而成为理想的旅行内容。从狩猎到蹴鞠、赛龙舟，再到攀岩，体育活动历来是人们生产生活的一部分，而且与农业活动紧密相连。因此，将观光农业与休闲体育结合，不仅能提供多样化的旅游体验，同时也具有巨大的发展潜力，能够吸引更多城市居民体验农村的自然风光和文化氛围，实现身心的放松与愉悦。

3. 我国发展观光农业休闲体育产业的政策优势

2016 年的中央 1 号文件和其他重要政策文件强调了农业现代化和体育产业发展的重要性。这些政策旨在利用农村地区的文化资源和自然风景，推动旅游、观光、度假和休闲活动的开展，从而促进农村地区经济发展和农民收入提高。

《关于加快发展体育产业 促进体育消费的若干意见》中强调了增加体育参与度和重视度，扩大健身休闲项目的开发，尤其要推广广大群众喜爱的体育项目。意见中还提倡根据不同人群的需求开发具有地方人文和民族特色的体育休闲项目，以满足多样化的健身需求。

2019 年，《国务院关于实施健康中国行动的意见》和《体育强国建设纲要》的发布，表明了国家推动体育产业发展的决心。

近年来，中央一号文件多次强调要发展现代农业，促进农业与旅游、教育、文化、健康等产业深度融合。例如，2020 年中央一号文件提出要推动乡村旅游、休闲农业、乡村文化等产业融合发展。由农业农村部发布的《全国乡村产业发展规划（2021—2025 年）》明确提出要推进休闲农业和乡村旅游的规范化、标准化和品牌化建设，并提出了具体的发展目标和措施，为各地政府提供了政策指导和发展框架。我国政府非常重视农业，一系列文件的出台体现了我国政府对于农业及体育产业的不断探索和引导。政府引导和支持为我国的观光农业休闲体育发展起到保驾护航的作用，因此，发展观光农业休闲体育具有广阔的前景。

（二）多方面促进我国观光农业休闲体育发展的建议

1. 进行开发前的市场论证

在开发观光农业休闲体育前，应该对其项目的布局、资源、特色进行全面的市场调查研究和可行性论证，根据地理位置和文化资源优势，因地制宜，突出特色，调查研究市场客源的需求和外部的经济变化因素，制定出科学合理的规划方案。园区内休闲体育项目的开发应与观光农业项目紧密结合。

2. 在市场中寻找自身定位

在观光农业休闲体育产业中，休闲体育项目的开发应该最大化考虑游客的要求，明确开发的项目是针对儿童还是水上运动爱好者的需求等，在市场中寻找自身的定位。一定要对市场人群的需求进行调查，确定园区的招牌式项目和主题式项目，形成品牌效应，吸引游客前来游玩。

3. 科学合理开发、加大开发力度

很多地区现有的观光农业休闲体育项目还很单一，应根据人们喜欢新奇、有趣的心理去开发新的项目。开发的休闲体育项目应与观光农业相结合，把竞技体育项目的规则加以改进，开发适合在观光农业园区内进行且参与性强的休闲体育项目。充分利用我国各个地区的天然资源，开发新颖的与自然融合的项目。如把进行休闲体育活动的场所用农产品进行装扮，使环境更加贴近自然乡村。

4. 加大特色休闲体育项目开发

观光农业休闲体育的发展应最大限度地考虑游客的需求，针对不同年龄阶段的游客开发不同的项目，深度发掘当地的文化底蕴和自然资源，开发具有当地文化、地域特色的项目。

在环境优美的观光农业园中用体育运动的形式进行休闲，是文明、健康、科学的生活方式，对于生活质量的提高、自我价值的实现都有很大的作用。如在农业观光园区举行农业趣味运动会，在观光农业园区内推广休闲体育项目，有利于园区的长远发展，有利于提高园区的经济收入。

5. 完善基础设施建设

要加大观光农业休闲体育园区的基础设施投资力度，修整园区内的道路，并

建设与园区内的项目相对应的服务设施，对安全设施建设要严格把关，避免出现安全事故。

6. 扩大产业规模、拓宽营销手段

观光农业休闲体育要与其他产业进行交流、融合，扩大自身的产业规模。观光农业休闲体育产业的营销手段不能仅局限于通过景区现场卖票或者现场出售农产品，要建立专门的网站和营销平台，尤其是新媒体渠道，把观光农业休闲体育园区生产的农产品和经过改良后的休闲体育产品在网站和新媒体平台上出售，还要努力宣传具有当地文化特色的产品，积极与知名电商合作，把自己的产品推广到全国甚至全世界。

7. 开发淡季项目

在农事生产淡季开发其他吸引游客的项目，并树立起特色的品牌，提高园区的收益。在北方，冬季可以开发反季节大棚蔬菜、水果采摘及滑冰、滑雪等项目。

8. 严格把关从业人员

观光农业休闲体育旅游的服务人员大都是来自当地的农民，综合素质有待提高。除了企业本身对从业人员的培养，应多渠道进行人才培养，企业可以与当地的高校进行合作，邀请学校有相关经验的教师对员工进行相关的礼仪及专业知识的培训，有关部门应根据市场人才需求在高校中设置与之相关的学科，培养观光农业休闲体育方面的专业人才，为观光农业休闲体育的可持续发展提供人才助力。

9. 提高政府参与度

观光农业休闲体育的开发离不开政府的扶持和引导，政府应该注重观光农业休闲体育的综合性开发，给予政策及资金上的支持。要制定相应的法律法规，设置行业准入门槛，不能以资源环境为代价来进行开发建设，切实跟随可持续发展战略的脚步。生态性是观光农业的特点，发展观光农业应以保护生态平衡为前提。在农业资源开发和利用的同时，要加大乡土文化资源和农业旅游资源的整合力度。

总之，随着中国社会的持续发展，居民的闲暇时间逐渐增多，城市居民对农村乡土气息的情感需求日益增强。这种趋势为观光农业休闲体育提供了发展的良好机遇。观光农业休闲体育的发展不仅可以提高人民的生活质量，还有助于解决“三农”问题，并促进产业结构的优化调整。中国在观光农业休闲体育领域拥有独特的地理优势及丰富的社会、经济和文化资源，这些都为其发展提供了巨大的潜力。只要我们能够科学合理地开发利用这些资源，就能确保该领域的可持续发展，从而在促进经济增长的同时增强人民的幸福感和生活满意度。

我国观光农业休闲体育的发展刚刚起步，同时我国的国情与任何国家都不相同。对于国外发展成熟的观光农业休闲体育模式，我们只能借鉴其发展的轨迹，建立一套适合我国国情、民情的观光农业休闲体育体系。根据我国观光农业休闲体育发展现状的研究，我们发现其中仍然有很多问题，如缺乏系统的研究，目前的研究还只是停留在一些描述性研究层面，未能更深一步地进行实证性研究，要建立起一套科学的观光农业休闲体育学科理论还有很长的路要走。随着我国国民经济水平的不断提高，以后人们会有更多的闲暇时间来进行自己喜爱的活动，所以增强我国民众科学的休闲意识是发展观光农业休闲体育的关键所在。

在可持续发展理念的指引下，我们面临着保护未来的责任和全面建设社会主义现代化强国的挑战。这要求我们在休闲的价值观念、教育水平以及人的现代化等多个领域提高认识和理解。

第二节　农村休闲体育资源开发与城乡统筹融合实践

一、农村休闲体育资源开发的实践创新

（一）农村休闲体育资源开发生态链耦合模式的产生背景

自 20 世纪 80 年代起，中国将环境保护定为国策，20 世纪 90 年代提出可持续发展战略，以预防污染和整治环境。

党的十七大进一步强调构建节约资源和保护环境的产业结构，为休闲体育等产业提供了发展机遇。

党的十八大提出建设美丽中国的目标，强调在资源开发中注重生态效益。

党的十九大提出了创新、协调、绿色、开放、共享的新发展理念，进一步强调了绿色发展和生态文明建设，明确指出要加快生态文明体制改革，建设美丽中国。这为休闲体育产业的发展提供了新的政策支持和发展方向，强调在发展过程中要注重生态保护和资源的可持续利用。

党的二十大进一步强调了高质量发展和共同富裕的目标，提出要坚持人与自然和谐共生，促进绿色低碳发展，全面提高资源利用效率。

党的二十大报告中明确指出，要发展生态友好的产业，支持绿色技术创新，推动绿色产业发展。这为休闲体育产业的发展提供了更加明确的政策导向和支持，确保产业在生态保护和资源可持续利用的前提下实现健康发展。

休闲体育产业作为社会公益和经济活动，其可持续发展依赖于资源的合理开发和利用。有效地开发休闲体育资源，提高资源利用率，是确保该产业健康发展的关键。

特别是在农村地区，休闲体育活动的推广需要强调生态效益，以确保活动的可持续性。通过技术和经济措施提升休闲体育资源的开发效率，不仅可以提高该产业的市场竞争力，还能带动相关社会和经济效益的提升。

结合中国的国情和政策导向，发展休闲体育产业不仅能够丰富人民的生活，还有助于推进环境保护和生态文明建设。在此过程中，重视资源的可持续利用和保护是实现长远发展的必要策略。

自实施双休日制度以来，休闲农业快速发展，显著促进了农民收入增加和农村经济社会发展，为农村休闲体育资源开发提供了新的发展模式。①

休闲农业的兴起是农村产业结构升级的一个关键途径，通过将农业与现代化技术和管理结合，有效融合了第一、第二和第三产业。这种结合不仅优化了经济发展与资源利用和环境保护之间的关系，而且强调了经济、生态和社会效益的平衡。在休闲农业的推动下，农村休闲体育资源的开发得到加强，休闲体育活动与农业活动的融合为公众提供了多样的休闲体育项目和场地。这些活动不仅增强了农村休闲体育资源的吸引力，而且促进了文化消费项目的开发，进一步提升了休闲农业的核心竞争力。

此外，这种将休闲农业与体育资源融合的开发模式为农村休闲体育资源的持续发展提供了新的思路，并且为构建综合的农村休闲体育资源开发模型提供了实践基础。这种模式的实施不仅促进了生态链的形成和产业链的建立，还有效地促进了农村经济的全面发展，提升了农村居民的生活质量，具有重要的社会和经济意义。

（二）耦合的必要性研究

在研究生态经济系统耦合的框架下，学者对生态与经济系统的相互作用和协调发展进行了深入探讨。姜学民是最早提出资源开发与生态经济系统耦合概念的学者之一，他强调生态子系统和经济子系统在功能发挥中应表现出高度协调性。②

曹明宏等人进一步探讨了生态经济良性耦合，并提出了具体的耦合机制，特别是在湖北农业运作中的应用。③ 战金艳及其团队分析了基础设施建设水平与城乡生态经济系统发展的耦合关系，通过实例研究揭示了耦合的动态协调发展。④ 江红莉等人研究了区域经济与生态环境系统动态耦合协调发展，基于江苏

---

① 高志强，高倩文. 休闲农业的产业特征及其演化过程研究［J］. 农业经济，2012（8）：82-83.

② 姜学民，张安录. 市场经济调节下生态经济理论框架构想［J］. 生态农业研究，1993（2）：27-30.

③ 曹明宏，雷书彦，姜学民. 论生态经济良性耦合与湖北农业运作机制创新［J］. 湖北农业科学，2000（6）：7-9.

④ 战金艳，邓祥征，岳天祥. 基础设施建设水平与城乡生态经济系统发展的耦合分析：安康地区的实例研究［J］. 人文地理，2005（4）：37-41.

省的数据，提供了系统动态协调发展的案例分析。[①] 曹洪华则从生态文明视角出发，研究了洱海流域生态与经济系统耦合模式。[②] 在资源开发战略方面，尹琦与肖正扬探讨了生态产业链的概念及其应用，强调了资源增值的重要性。[③] 王培成等人则主张在资源开发战略中加强资源链建设，以实现资源开发的协同和溢出效应。[④]

杨凤华在其研究中强调了耦合分析在理解自然、经济和社会系统并行关系中的重要性，指出通过物质流、能量流、信息流和价值流的有效管理和优化可以促进系统的有序和高效运行，形成稳定的系统耦合机制。[⑤]

在农村休闲体育资源与休闲农业的协同发展方面，黄艳红的研究集中在长株潭湘江风光带的休闲体育资源开发上，强调了地理特点对资源开发的影响。[⑥] 袁中许的研究进一步分析了休闲农业和乡村旅游之间的耦合动力效应，提出了农业与旅游业融合发展的策略和趋势。[⑦]

这些研究成果为理解和推进休闲农业和农村休闲体育资源开发的耦合模型提供了理论基础和实践指南。然而，尽管这些研究在各自领域取得了显著成果，但整体上对于两个产业之间的互动机制、融合与嵌入机制以及生态产业链耦合机制的深入探究仍显不足。

（三）耦合的构成要素和基本要求

1. 构成要素

（1）物质构成要素

在农村休闲体育资源的开发中，劳动力和土地是两个核心的要素，[⑧] 它们构成了休闲农业中体育活动的基础。具体表现为各种体育设施和活动场所的建设，包括岩壁、钓鱼池塘、高尔夫球场、骑马场以及滑雪场等。这些设施不仅为体育活动提供了必要的物理空间，而且成为农村休闲体育资源的重要物质组成部分。

---

① 江红莉，何建敏. 区域经济与生态环境系统动态耦合协调发展研究：基于江苏省的数据［J］. 软科学，2010，24（3）：63-68.

② 曹洪华. 生态文明视角下流域生态 - 经济系统耦合模式研究：以洱海流域为例［D］. 长春：东北师范大学，2014.

③ 尹琦，肖正扬. 生态产业链的概念与应用［J］. 环境科学，2002（6）：114-118.

④ 王培成，齐振宏，冉春艳，等. 循环经济视角下的环境污染与治理问题探讨［J］. 统计与决策，2009（6）：76-78.

⑤ 杨凤华. 城市群经济与金融系统耦合机理研究［M］. 苏州：苏州大学出版社，2013.

⑥ 黄艳红. 长株潭湘江风光带休闲体育资源开发的研究［J］. 湖南工业大学学报，2013，27（1）：94-97.

⑦ 袁中许. 乡村旅游业与大农业耦合的动力效应及发展趋向［J］. 旅游学刊，2013，28（5）：80-88.

⑧ 黄恒学，谢罡. 管理哲学［M］. 北京：中国经济出版社，2014.

它们不单是体育活动的实际场地，也直接关联到休闲农业经营的实体，是将体育活动与农业休闲业务有效结合的关键环节。

（2）价值构成要素

价值元素是农村休闲体育资源发展的核心和潜力。这些元素不仅为农村休闲体育资源的开发提供了广度和深度，而且还是服务产品增值的关键。核心价值包括“体验”和“农业文化”，这些通过休闲农业活动中的互动体验体现出来，能进一步加深游客对休闲体育运动的认识。通过这些体育活动，如户外健身和文化体验活动，不仅能够提供娱乐和健身机会，还能够丰富游客的情感体验，强化他们对农村生活方式的认识，从而推动休闲农业与休闲体育资源的价值整合，并提升其市场吸引力。

（3）外延构成要素

在农村休闲体育资源开发中，外延要素包括地理位置、品牌影响力、资源组合以及整体环境质量，这些因素共同决定了资源的市场吸引力和竞争力。首先，地理位置或区位空间对于资源的可达性和市场潜力至关重要，决定了资源的比较优势和稀缺性。其次，品牌的建设能够提高认知度，增强消费者对休闲体育活动的信任感。此外，资源的有效组合，如将休闲农业与体育活动如骑马、高尔夫球结合，可以提供综合体验，增加消费者参与度。最后，环境质量是决定休闲体验质量的关键因素，优美的自然景观和良好的环境条件是吸引游客的重要因素。[①]例如，百果园通过结合自然风光和多样的体育活动，成功地打造了独特的品牌，提升了其在农村休闲体育市场中的竞争力。[②]

2. 基本要求

在农村休闲体育资源的开发中，耦合产业链与生态链的核心在于将休闲体育服务成功地融入休闲农业的经营中，使其成为增加收入的重要渠道，同时也达到休闲农业的可持续发展目标。休闲体育服务不仅为休闲农业提供了额外的经济价值，而且丰富了农村的休闲体验，从而吸引更多的参与者。

在这一过程中，休闲体育服务作为休闲农业的一个组成部分，与农业活动相互融合。例如，农业经营者可以在提供传统农业体验的同时，引入如骑行、徒步、钓鱼等体育活动，这样不仅可以提升消费者体验，增加经营多样性，还能有效地利用现有的土地和资源，增强整个农业经营的生态与经济可持续性。

这种模式要求农业经营主体对休闲体育资源进行合理配置和高效管理，以确

① 谭金飞，曹庆荣．“农家乐”为载体的农村休闲体育资源开发与整合［J］．湖南工业职业技术学院学报，2015，15（6）：31-34.

② 黄恒学，谢罡．管理哲学［M］．北京：中国经济出版社，2014.

保两者之间能够有效对接，形成互利共赢的经济模型。同时，通过这种耦合方式，可以优化资源的使用，减少对环境的负担，促进生态保护，并增强社会效益，通过提供健康的生活方式，促进当地社区的发展。

（1）突破产业链束缚，形成产业的集聚

为有效整合农村休闲体育资源和休闲农业，需创新产业链条，构建一个涵盖第三产业且资源优化利用的新体系。这要求超越传统界限，重构物质流、信息流、能量流、价值流之间的关系，并发掘休闲农业与体育资源的交汇点。通过建立一个产业共生、资源共享的网络体系，可以优化资源配置，增强生态和经济的可持续性。这不仅涉及对资源的全面评估和科技创新，还需要建立有效的协调机制，确保产业链各环节的有效协同。

（2）开发能耗小、可循环利用的休闲体育产业生态链

农村休闲体育资源开发中的产业链与生态链耦合模式要求对休闲农业与体育资源间的相互作用进行深入分析。在这一耦合过程中，不仅涉及农业和服务业的产业协同，还包括休闲体育的主产品和副产品的开发。为了充分利用资源，重点应放在如何通过科学的管理和创新策略，加强物质、能量和信息流的整合，确保产业与生态系统的协调发展。这涉及重新设计休闲体育与农业活动的接口，确保二者能在环境保护的前提下实现资源最大化利用，形成生态效益和经济效益双赢的局面。开发这样的模式需要跨学科的协作和综合性策略，以确保可持续发展的目标能在实际操作中得以实现。

（3）提高休闲农业经营主体的经济效益

休闲农业经营主体在农村休闲体育资源的开发过程中起着核心作用，他们不仅是经济收益的获取者，也是休闲农业与体育资源融合的关键执行者。这些经营主体通过提供休闲体育服务，实现资源的有效开发和利用，而这一切的成功依赖于休闲农业与体育资源之间嵌入机制的有效性。合理的嵌入机制可以优化资源利用，增强经营主体的经济效益。然而，若休闲体育资源的运营忽视了可持续和循环利用的原则，不仅会影响资源的长期可用性，还可能损害休闲农业经营主体的经济基础，从而阻碍整个经营活动的正常进行。

（四）耦合关系

1. 产业链耦合关系

休闲农业经营实体内部的生产性项目之间，如种植业、养殖业及农副产品加工业，展示了一个高效的耦合系统。例如，种植业产生的副产品可作为养殖业的饲料，而养殖业的废物又能为种植业提供肥料，加强了这些领域之间的相互支持和资源循环利用，增强了整体的生产效率和生态可持续性。

在农村地区，生产性项目与服务性项目之间的耦合关系越来越显著，尤其在乡村旅游和休闲体育活动方面表现得尤为突出。种植业、养殖业和农副产品加工业不仅仅局限于传统的生产活动，它们还成为吸引游客的重要元素。游客可以直接参与到果蔬采摘、垂钓和农事体验等多样的活动中，这些活动不仅丰富了游客的乡村旅游体验，还通过将其转化为休闲体育项目，增加了乡村地区的服务价值。这种生产与服务的双向增值，不仅提升了游客的体验质量，也为农村经济的多元发展提供了新的动力和方向。

乡村旅游资源与休闲体育资源之间的耦合关系促进了城乡居民在节假日的互动。设施完备的休闲农业园区不仅提供传统的旅游体验，还引入了多样的体育活动如球类、棋牌和有氧运动等。这种模式不仅提高了游客的参与度，也为当地居民提供了日常的休闲体育场所，实现了旅游资源和体育资源的高效融合与共享，促进了地区社会经济的全面发展。

休闲农业经营实体通过整合生产性和服务性项目，不仅增加了经济效益，还极大提升了其吸引力。这种经营模式有效地融合了种植业、养殖业及农副产品加工业等生产活动与餐饮、住宿以及多样化文化消费和体育活动，创建了一个多功能的休闲农业品牌。

休闲农业的成功，不仅在于其能够直接提供农副产品，还在于其服务于广泛的社会群体，包括城镇居民和本地居民。例如，提供给本地村民的广场舞和健美操等活动，[①] 既服务于社区的日常休闲需求，也增强了社区的凝聚力。

此外，休闲农业经营者通过不断开发创新的乡村旅游和休闲体育资源，如特色果园、野外垂钓、农事体验等，不仅丰富了消费者的体验，还延长了他们在休闲农业园区的停留时间，增加了消费留滞，这样的措施对于促进地方经济发展至关重要。

2. 生态链耦合关系

在休闲农业中，生态链耦合机制特别重要。这一机制依赖于物质流、能量流、资金流、信息流的综合协调和优化配置，形成一个持续循环、高效利用的生态系统。[②]

农村休闲体育资源的开发，不能仅仅依赖于公共财政的支持。这一过程需要将居民的日常生活、农业生产、乡村旅游、休闲体育以及农村社区与文化建设紧密结合起来，通过这种多元化的整合，形成一个生态链耦合机制。这种机制不仅

① 高倩文，唐菊英，李丹，等. 湖南休闲农业的产业特征分析［J］. 作物研究，2012，26（1）：56-58.

② 邹冬生，高志强. 当代生态学概论［M］. 北京：中国农业出版社，2013.

促进了资源的有效利用，还有助于保持农村的可持续发展。根据相关研究，休闲农业的发展正是依托这种新型的耦合机制，为农村休闲体育资源的开发提供了一种创新的模式。

（1）物质流和能量流的同步耦合关系

物质流和能量流的耦合是基础，它们在农村休闲体育资源开发中发挥着核心作用，物质流为生产和生活提供必需的资源，能量流则是驱动这些资源运转的动力。

在这种耦合机制中，农业生产活动产生的物质和能量可以直接转化为乡村旅游和休闲体育活动所需的服务和设施。例如，农作物残余可以用于生产生物能源，提供给休闲设施能量；同时，农业生产所需的设施也可用于休闲体育活动，如将闲置的仓库改造为体育活动中心。

此外，资金流和信息流也是不可或缺的部分，资金流确保了必要的物质和技术投入，而信息流则优化了资源配置和管理效率，提高了农村休闲体育资源开发的整体效能。通过这种方式，休闲体育活动不仅丰富了乡村旅游的体验，同时也促进了当地农业的转型升级和可持续发展，实现了环境、经济和社会效益的三赢。

（2）资金流与能量流和物质流的耦合关系

资金流与能量流和物质流的耦合关系在农村休闲体育资源开发中表现为三种主要形式。

第一，与资金流同步耦合的能量流和物质流通常依赖于市场价格，涉及原材料的购买和产品或服务的输出。在这一模式下，农村休闲体育项目应当增加投资，扩大能量和物质的通量，从而提升系统的整体效能和产出。

第二，脱离资金流的能量流和物质流。重点关注环境保护和废弃物的资源化利用显得尤为重要。这一策略旨在确保生产和消费过程中实现无污染和无废弃物的目标，有效利用公共资源，同时也处理和再利用排放出的废弃物。这种环保措施不仅有助于维护生态平衡，还能推动农村休闲体育资源的可持续发展，确保资源开发活动对环境的影响最小化。

第三，脱离能量流和物质流的资金流。这涉及政府投资、税收、金融信贷以及工商资本的投入与回报。为促进这一过程，首先需要加大政府对农村休闲体育项目的财政支持，这可以通过税收优惠、贷款便利等政策实现。其次，改革和完善农村金融体系，以确保资金的流动性和可用性，支持休闲体育设施的建设和运营。同时，吸引工商资本投资农村休闲体育项目也至关重要，这不仅可以增加项目的资金来源，还可以引入商业管理的经验和技术，提高项目的运营效率和盈利能力。通过实施这些措施，可以有效促进城乡一体化的发展，平衡农村与城镇居民在享受休闲体育资源方面的机会，从而推动社会整体的和谐发展。

（3）信息流与资金流的耦合关系

信息流与资金流的耦合关系在农村休闲体育资源开发中表现为两个主要方面。

在农村休闲体育资源开发中，信息流的管理是提升效率和吸引客流的关键因素。首先，与资金流紧密耦合的信息流包括有偿信息服务及其成本。例如，在休闲农业的开发中，规划设计、新技术和市场推广等活动常需购买专业信息服务或进行广告投入，以吸引更多消费者并增加企业收入。其次，脱离资金流的信息流涵盖无偿获取和传播的市场、科技和社会信息。这类信息虽不直接产生财务成本，但对提升服务质量和经营效率极为重要。

利用这些信息资源，尤其是通过乡村旅游活动承载的多样化信息传播渠道，可以有效促进城乡文化的交流与融合。此外，乡村旅游消费者通过“口碑”传播形式，可以成为品牌推广的自然途径，增强休闲体育资源的知名度和吸引力，从而提高利用率和经济效益。

（五）模式的形成与样态

1. 耦合的轨迹

“耦合”这一概念最初源于物理学，描述的是两个或更多系统或运动方式之间，通过各种相互作用的方式相互影响，最终实现协同发展的现象。①

这一理论后被广泛应用于分析和描述系统之间的复杂关系，特别是在系统科学和管理学中，用来阐释系统或要素间的相互作用和影响。

在农村休闲体育资源开发的研究中，耦合理论被用来详细分析生态链与产业链之间的动态关系。根据最新的国内外研究成果以及国外发达国家的典型案例分析，这种耦合过程可分为四个阶段：从“低水平耦合”阶段开始，各系统间可能存在拮抗，即功能和目标的冲突；随后进入“磨合”阶段，系统间开始尝试调整以减少冲突；进一步发展至“相对协调”阶段，系统间的互动更为和谐但仍有提升的空间；最终达到“协调发展”阶段，此时生态链与产业链的耦合达到最优状态，实现了经济效益、生态效益与社会效益的高度整合和共生。这四个阶段不仅描绘了耦合过程中系统间相互作用的演变，还反映了资源开发目标的转变。

最初可能仅注重经济效益，随后逐步引入生态效益的考量，最终目标转向在确保经济效益的同时极力推动生态与社会效益的提升，体现了从单一利益到多元共赢的发展趋势。

---

① 李曼，陆贵龙. 基于耦合理论的内部审计绩效评估研究［J］. 审计与经济研究，2013，28（1）：46-52.

2. 模式形成的路径

在探讨农村休闲体育资源的开发时，生态链与产业链的有效融合显得尤为重要。这种融合有助于构建一个协同增长的经济体系，其中包括第一产业（种植业和养殖业）、第二产业（加工业）以及第三产业（餐饮、住宿和体育产业）。这些行业的相互依存与合作，不仅提高了各自领域的经济效益，也促进了生态环境的可持续发展。

在休闲农业的运营框架下，不同产业之间的专业化分工和资源共享是关键。这种策略不仅稳固了整个生态系统的可持续性，还通过深度整合内部元素，如增强专业化服务，强化了整个产业链的市场竞争力。

3. 模式的样态

在休闲农业经营主体的体育资源开发中，生态链与产业链的耦合系统是以生态环境为核心的一个综合体系。在这个综合体系中，经营主体的环境生态系统和经济系统的各要素形成了不同尺度和层面上的非线性耦合关系，这些关系是建立生态链与产业链协调发展耦合模式的基础。

首先，生态链的耦合原则是耦合开发模式的核心，它贯穿于耦合体的每一环节，包括产业耦合体、资源耦合体、行为耦合体以及这些耦合体之间的相互作用。在这些耦合体中，复杂的物质流、能量流、信息流和资金流需要通过合理的耦合机制来控制和优化，以实现子系统内部及子系统之间的有效管理和高效运作。

其次，产业耦合体作为耦合开发模式的物质基础，在农村体育资源开发中尤为关键。通过将种植业和养殖业（第一产业）、农副产品加工业和农村副业（第二产业）、乡村旅游和休闲体育服务业（第三产业）有机结合，产业耦合体不仅加强了各产业间的联系，还为资源耦合体提供了坚实的基础。

再次，资源耦合体是实现耦合开发模式的基本策略。在农村休闲体育资源开发中，资源的开发不能是孤立的，它必须与农村生活资源、农业生产资源和乡村旅游资源密切结合，采用“四位一体”的开发观念。

最后，行为耦合体是耦合开发模式的现实目标。它涵盖了本地居民和乡村旅游消费者的生活行为、生产活动及其消费行为和休闲体育运动。

（六）基于产业链与生态链耦合模式的农村休闲体育资源开发策略

在农村休闲体育资源开发中，采用产业链与生态链的耦合模式至关重要。这一模式强调选择环保且高效的体育项目，以实现与农业生产、乡村旅游及居民生活的有机结合。开发过程中应坚持乡村特色和可持续发展，充分利用和保护自然资源，同时促进经济与生态的协同增长。通过这种方式，农村休闲体育不仅能提升居民的生活质量，还能吸引城市居民体验乡村生活，实现城乡共融。

1. 农村休闲体育资源开发的注重点

农村休闲体育的开发应当深刻反映乡村的特色和文化传统，而不是简单模仿城市的休闲体育模式。中国农村的休闲体育项目应以丰富的农耕文化和传统文化为基础，利用这些独特的文化资源来创造与众不同的体育活动。[①]例如，可以开发与传统农事活动相关的体育项目，如耕作比赛、传统农具操作比赛等，这不仅能活化传统文化，还能吸引城乡居民体验真正的农村生活。

2. 农村的休闲体育资源开发与综合利用策略

农村休闲体育资源开发确实拥有广阔的潜力和空间，但关键在于如何实现资源的合理开发和综合利用。休闲农业的成功经验表明，通过乡村旅游来推动休闲体育资源的开发，不仅可以实现高效益，还能激发经营者对农村休闲体育资源投资的积极性，使得这一领域的发展成为可能。

具体来说，休闲农业的运作模式成功地将居民的日常生活、农业生产、乡村旅游和休闲体育活动紧密结合。这种整合不仅促进了经济效益的提升，也加强了社区的社会和文化联系。例如，设置以农业体验为主题的体育活动，如田园跑步、自行车骑行等，既能吸引游客，又增加了农村的经济收入。

3. 农村的休闲体育资源开发与协同发展策略

农村休闲体育资源的开发应与城乡一体化、新农村建设及农村文化和社区建设紧密结合。城乡一体化通过文化融合为城乡居民共享休闲体育资源提供新思路。新农村建设通过改善基础设施和环境，扩展休闲体育资源的发展空间。农村文化建设的推进使得体育活动可以融入传统文化，增加其吸引力。同时，社区建设的进步有助于优化居住分布，为资源集中开发和综合利用提供便利，促进农村经济和社会的全面发展。

4. 农村的休闲体育资源开发与差异化发展策略

开发农村的休闲体育资源时，应避免采用一成不变的模式，而需根据具体的地理、文化和社会环境因地制宜地进行。

对于服务本地农村社区的开发，重点应放在满足居民日常休闲和运动需求上，如发展球类运动、器材运动和广场舞等，这些活动易于组织且深受欢迎，能有效提高居民的生活质量和身体健康。对于乡村旅游消费者的休闲体育资源开发，则应强调乡土特色和农村文化的展示。通过提供如传统农耕体验、乡村徒步和地方传统体育项目等特色活动，不仅能展示农村的自然风貌和文化魅力，也能吸引城

---

① 曹幸穗，张芬. 中国农业文化遗产保护与开发简论［J］. 湖南农业大学学报（社会科学版），2014，15（1）：67-70.

镇居民体验和享受乡村生活，从而推动当地旅游和经济的发展。

5. 农村的休闲体育资源开发必须坚持可持续发展理念

农村休闲体育资源开发应坚持绿色、低碳、环保理念，强调生态链的增强与完善。重点开发可促进生态平衡的休闲体育资源，如利用农业废弃物的体育设施，同时确保生态链与产业链的高效耦合。这包括实现生产和消费过程的无污染和无废物目标，积极传播生态文化，增强公众的环保意识，确保农村休闲体育资源的可持续发展，保护农村自然环境。

二、基于城乡统筹发展思想的农体融合实践

（一）城乡统筹发展释义

“统筹”最初是一种计划管理的方法，主要用于大型工程的进度管理，以确保工程项目按计划顺利进行，预见并解决潜在问题，合理组织和协调各种活动。

而在城乡统筹发展的语境中，这一概念被扩展应用到社会经济、生态环境、文化生活、空间景观等多个领域的综合规划与管理中。城乡统筹发展强调城市和乡村之间资源的合理分配与优化组合，通过城市对农业和乡村的支持与带动，实现城乡资源的最优利用和互补，推动经济、社会、文化和生态的协调发展，最终实现城乡共同发展和共同繁荣的目标。①

（二）城乡统筹发展思想的农体融合实践

随着城市化进程进入新阶段，城市发展必然要有自身的定位，打造城市名片成为城市经济发展的一个共同目标。

1. 休闲体育特色小镇建设

近年来，中国体育产业的发展速度极快，得益于国家层面对特色城镇建设与发展的政策支持。在这一政策推动下，众多休闲体育特色小镇如雨后春笋般迅速兴起，成为体育旅游与休闲活动的重要目的地。例如，吉林省的长白山万达滑雪小镇、河北崇礼的太舞滑雪小镇、深圳的金龟露营小镇以及北京的国际足球小镇等，这些地点各具特色，为游客提供了丰富多样的体育休闲体验。

（1）滑雪小镇

①长白山万达滑雪小镇是位于吉林省东部白山市抚松县松江河镇的一个综合旅游度假目的地，距离长白山天池约 41 千米，且靠近长白山机场，距离约为 10 千米。小镇的设计理念为将滑雪与观光、休闲、度假、娱乐、商务、会展、

---

① 桑庆庆. 城乡统筹背景下的合肥市休闲农业发展思考［J］. 新余学院学报，2015，20（6）：41-43.

居住及购物等多功能产品有效整合，形成一个相互依存且互为支撑的综合服务体系。

这个目的地无论是冬季还是夏季，都提供了独特而全面的娱乐体验。冬季，它变身为一个顶级的滑雪胜地，游客可以在30千米长的滑雪道上享受多样的滑雪乐趣，从初学者的魔毯体验区到高级滑雪者的天然雪道，应有尽有。而夏季，这里的平均温度维持在22℃，成为理想的避暑胜地。游客可以探索包括山地大本营、山顶观景台和征西度假农场在内的三大主题景区，这些景区提供超过30种娱乐项目。

除了滑雪，小镇电影院、KTV、大剧院、酒吧、咖啡馆、众多品牌的购物街也样样俱全，配套的服务设施也十分完善。长白山万达滑雪小镇以复合型稀缺资源为依托，以冰雪运动为品牌，以自然观光为引导，以国际游客四季旅游为目的，以体育娱乐服务业、生态休闲度假产业、商务度假服务业、旅游地产业为核心，借助长白山得天独厚的自然资源，建设成为具有持续创新力的综合性高的现代度假区，打造世界级生态、文化、时尚、创新高度融合的旅游目的地。

②崇礼太舞滑雪小镇。崇礼太舞滑雪小镇作为一个以滑雪为核心的度假目的地，为全球的滑雪爱好者提供了符合国际专业标准的设施和服务。小镇分为两大营地，以满足不同级别滑雪者的需求。第一营地，也称为太舞主营地，包括营岔、太子城和枯杨树区，这里主要建设了综合性滑雪服务设施。而第二营地，涵盖上水泉、下水泉及窑子湾区，主要提供中级滑雪体验和俱乐部式服务。除了滑雪活动，崇礼太舞滑雪小镇也提供丰富的雪上和非雪季户外活动。冬季项目包括高山滑雪、越野滑雪、雪上娱乐设施和冬令营等，而非雪季则提供山地自行车、山地卡丁车、徒步、攀岩、夏令营和定向越野等活动。此外，小镇还建有完善的配套服务设施，包括17万平方米的酒店区、小剧场、特色美食餐厅、温泉中心和景观湖等，致力于为游客提供一站式的山地生活体验。

（2）自驾露营小镇

深圳金龟露营小镇，作为首个集户外拓展训练和露营于一体的乡村休闲露营基地，位于深圳东部坪山新区金龟社区同石村。该小镇紧邻坪葵公路和南澳，从深圳市区出发大约只需60分钟车程。它以保护性开发为宗旨，秉持“绿色、健康、生态、环保”的经营理念，努力保持自然村落的天然面貌，深入挖掘和展示客家人文风情，同时倡导绿色户外露营休闲文化。

金龟露营小镇抓住了深圳旅游重心东移的发展机遇，致力于打造深圳首家乡村露营公园，并传播绿色健康的户外文化，构建坪山生态旅游的全新模式。小镇的功能区以露营户外生活、客家风情体验、社会实践、客栈民宿艺术、农业科普和运动养生等为主题。金龟露营小镇已经成为青少年户外生存实践、企事业单位的拓展培训以及游客休闲养生的首选地点，提供了极具个性和内容丰富的特色露营体验。

（3）足球小镇

北京国际足球小镇具有多样化的足球设施，包括各种类型的足球场以及足球相关的娱乐和商业设施。小镇不仅包括常规的足球场，还设有足球大厦、会议中心、商业街等，旨在创建一个足球文化和体育活动的中心。

此外，小镇采用了先进的智能场地技术和数据分析系统，这些技术的应用使得预订场地和组织比赛变得更加便捷。通过这些集成的科技解决方案，北京国际足球小镇不仅成为一个体育设施集聚地，也成为一个促进足球文化交流和商业活动的创新平台，有力地推动了城市与足球产业的协同发展。

（4）综合类体育小镇

①绍兴柯岩酷玩小镇位于浙江省绍兴市的柯岩旅游度假区，是一个以体育休闲和游乐元素为特色的综合性小镇。该小镇不仅拥有东方山水乐园和浙江国际赛车场这两个核心娱乐项目，还设有多种休闲体育设施，如高尔夫球场、滑雪馆和综合体育场等。

酷玩小镇的开发策略紧密结合了当地特色的山水资源和城镇的发展需求。通过改善环境、完善设施以及引进多样化的旅游和体育项目，小镇致力于营造一个既有利于健身也便于休闲的环境。此外，通过标准化景区的建设，酷玩小镇逐步发展成为一个以体育健身和旅游休闲为主体的特色小镇，带动了当地的经济、社会及生态的发展，形成了一个互联互通的休闲体育网络。

②嵩皇体育小镇坐落于河南省登封市，是一个综合户外体育运动和休闲娱乐为一体的主题公园。小镇内设施丰富，包括赛车体验、卡丁车赛场、飞行体验、射箭馆、拓展培训、真人 CS 竞技场及各类运动健身设施。以“赛车乐园”为名，小镇吸引了大量赛车运动员和爱好者，已成功举办多次国家级汽车拉力赛事。此外，登封市的丰富历史和文化资源，如佛、道、儒三教荟萃的文化遗址，与嵩皇体育小镇的现代体育设施形成了独特的古今融合，使小镇不仅成为体育爱好者的集聚地，也成为体验中华传统文化的理想场所。

此外，还有很多体育小镇都独具特色，如日照奥林匹克水上运动小镇、许家崖航空运动小镇、中山棒球小镇等。

2. 乡村休闲体育

长期生活在喧闹的都市中，人们都渴望回归大自然的怀抱。乡村有着广阔的空间、清新的空气、幽静的自然环境、浓郁的乡土氛围，这些对城市居民来说都很有吸引力。在开发乡村的过程中，可以利用山水、气候、生态资源等方面的优势打造各种户外休闲运动项目，为生活在城市的居民提供别样的休闲度假场所。

这对于促进城乡居民之间的文化交流、缩小城乡差距有积极的意义。

（1）我国休闲体育的城乡差异

休闲体育活动的发展在很大程度上依赖于自然环境资源，如山川、森林、草地和河流，这些在乡村广泛存在，但在城市中则相对稀缺。城市中虽然也有山水资源，但由于严格的城市管理规则和较高的人口密度，使得在城市内开展休闲体育活动面临诸多挑战。此外，在休闲体育活动的发展上还存在个体需求、收入水平和休闲观念等方面的城乡差异。

乡村地区虽然拥有丰富的自然和运动资源，但当地居民由于收入较低和休闲意识不足，往往将休息视为主要的休闲方式。相对而言，城市居民虽有更多闲暇时间和消费能力，且有较强的参与休闲体育的愿望，但他们却面临缺乏足够空间的问题。因此，许多城市居民选择到资源丰富的乡村去体验休闲体育活动，这不仅满足了他们的需求，也带动了乡村地区的经济发展。

（2）我国乡村休闲体育的发展概况

目前，国内的乡村休闲体育项目主要集中在大城市周边区域，产生这一现象主要是因为城市人口密度大、消费能力强，能够为这些项目提供稳定的客源市场。这种地理布局有助于加速人流和物流的运转，促进乡村休闲体育项目经济效益的提高。

（3）我国乡村休闲体育的开发模式

①乡村休闲体育开发的渗透模式。这一模式强调产业之间的互渗和互补，特别是将乡村休闲体育产业与旅游产业结合。通过在旅游活动中嵌入休闲体育元素，如在观光农业园区开发滑雪、赛龙舟等运动项目，既丰富了游客的体验，也增强了产品的市场竞争力。这种模式利用地区的自然资源、人文资源和民俗特色，发展与观光农业相关的体育活动。

②乡村休闲体育开发的延伸模式。此模式将休闲体育元素扩展到旅游业以外的其他领域，旨在拉长产业价值链并创造更高的附加值。例如，通过开发乡村田园综合体、运动体验店和体育创意设计产业等，不仅扩展了体育旅游的内涵，也为乡村休闲体育产业的发展提供了新的平台和载体。

③乡村休闲体育开发的拓展模式。这一模式通过产业拓展，实现乡村休闲体育产业与旅游产业的全方位融合。它依赖于较强的产业基础，并倡导共融合、共同发展的理念，避免了同质化竞争。例如，湖南省的博兵寨滑翔伞基地就利用其旅游景观优势来发展，其产品主要定位于提供休闲体育健身的功能。

（4）乡村休闲体育发展存在的问题

①季节性明显。我国的乡村休闲体育项目对于季节性没有做相应的调整，致使淡旺季游客数量有明显的差别，旺季时游客多，淡季时游客少，资源不能得到

充分利用。这一差别导致消费者参与体验的时间受限，在消费者数量减少的时节，乡村景区的收入也会降低。

②项目雷同。在乡村休闲体育园区建设过程中，许多开发商往往会建设一些高收益项目，从而出现与周边园区体育活动项目重复的情况，直接导致园区之间价格的恶性竞争。总体来看，当前我国乡村休闲体育项目的开发过于单一，趣味性不高，开发力度不足，未能针对不同年龄段的消费人群设计项目，这也是今后有待改进的地方。

（5）乡村休闲体育开发策略

①生态保护和资源可持续发展的基本理念。开发乡村休闲体育资源时，必须嵌入保护生态和资源的可持续发展理念。这意味着所有开发活动都应在尊重和保护大生态系统的前提下进行，确保乡村环境的宜居性并同步提升生产、生活和生态的质量。开发策略应促进物质循环、能量节约和资源整合，通过建设社会文明、推动经济发展和保障环境健康，努力打造美丽乡村。

②打造体育品牌和业态差异化竞争格局。依托乡村特有的休闲体育与旅游资源，地方政府和相关机构应制定一系列有序开发的法律法规和政策，支持乡村休闲体育产生的持续发展。同时，通过打造具有地方特色的乡村休闲体育项目品牌，形成区域内的差异化竞争格局。这不仅增强了乡村休闲体育产业的吸引力，也有助于构建完善的市场管理体制、金融投资体制和税收体制，从而为乡村休闲体育的发展提供强有力的支持和保障。

第三节　乡村振兴战略下的农体融合实践创新——以成都市农商文旅体融合为例

乡村振兴战略是党的十九大做出的重要决策部署，旨在解决城乡发展不平衡的问题，推动农业和农村现代化。本节聚焦于成都市，探讨了如何以农业、商业、文化、旅游和体育（农商文旅体）融合发展助推乡村振兴。通过分析成都市的发展现状和存在的问题，结合实地调研和对比分析，提出了一系列有针对性的建议，以优化资源配置和提高地区吸引力，全面支持乡村振兴战略的实施。

一、农商文旅体融合发展与乡村振兴的内在联系

（一）农商文旅体融合发展的内涵

农商文旅体融合是一个多维系统，包括农业与农村资源、商业活动、文化创

造、旅游体验和体育活动。这些维度相互作用，共同推动综合发展。农业维度提供物质和资源基础，商业活动通过市场交换满足需求并驱动系统发展，文化则作为系统的灵魂提供独特标识和软实力，旅游强调休闲和体验，满足亲近自然的需求，而体育活动通过参与性满足深层次健康需求。通过空间融合、业态融合和功能融合，农商文旅体融合形成了集公共利益、生态、生活和生产于一体的新型城市发展模式，促进城乡均衡发展，提升居民生活质量。

（二）农商文旅体融合发展是实现乡村振兴的必然要求

农业，作为人类文明发展中的“母亲产业”，在政治、经济、文化、社会和生态等多个领域中扮演了至关重要的角色。随着时间的推移，国内外的农业产业融合发展经历了四个主要阶段，从而推动了农业领域的不断进步和创新。第一阶段，“以工促农”，见证了工业化，特别是农业机械化的快速发展，这一进程极大地推动了农产品的加工和销售，提高了农业生产效率。随后进入“一三互动”阶段，这一时期人们开始重新认识到农业生态价值的重要性，促进了乡村旅游和休闲农业的发展，增强了农业与环境保护之间的互动。第三阶段，“接二连三”，这一阶段着重于整个农业产业链的系统思考，推动了从生产到销售各环节的深度整合与创新。当下，许多发达国家已步入“多元融合”阶段，这一阶段的特点是通过开放的思维和政策推动，实现农业与工业、商业、服务业等其他领域的融合，形成了“农业 +”的多元业态。这些业态包括农产品加工业、休闲农业、创意农业和康养农业等，不仅极大提高了农业的经济和生态价值，也促进了社会经济与城市建设的协调发展。在这一背景下，乡村振兴战略的提出为农业与商业、文化、旅游、体育等领域的进一步融合设定了更高的要求，为农业的多元发展开辟了更为广阔的舞台。

（三）农商文旅体融合发展是助推乡村振兴的有效路径

乡村振兴战略强调产业兴旺作为主要推动力，致力于构建山水林田湖草的生命共同体，实现人与自然的和谐共生。该战略涵盖了农业、商业、文化、旅游和体育等多个产业部门，通过这些产业的融合发展，不仅重新评估了乡村地区的生态价值，还促进了乡村地区的全面发展。农商文旅体融合是实现乡村振兴的关键策略之一，通过整合这些产业的资源和优势，打破传统界限，形成跨界合作和破界融合，创造出新的业态和消费场景。这种融合有助于满足人们对美好生活的日益增长的需求，实现城乡之间的物理和心理距离的缩减。通过多产业的合作与交流，乡村振兴可以实现产业互补，构建一个功能全面、多元化的产业生态圈，促进业态的创新和差异化发展。

二、成都市发展实际

成都市采用了一项全面的策略，将农商文旅体融合发展定位为推动乡村振兴的关键战略。这一策略的核心在于深化农业供给侧结构性改革，同时不断完善创新链、供应链、产业链和价值链，以实现可持续的区域发展。成都市特别强调“形态、业态、生态”三态的融合与农商文旅体的五维联动，有效利用地区资源，发挥其在省内乡村振兴中的核心作用。为了实现这些目标，成都市建立和优化了科技平台、双创平台、农村金融平台、产权交易平台、乡村振兴学院、电商服务平台以及援藏援彝等七大平台。这些平台的建立不仅服务于地区的综合发展，还致力于将成都市打造成现代农业的新标杆。

（一）以功能区产业园建设为载体，夯实农商文旅体融合发展本底

成都市通过实施“十字方针”（东进、南拓、西控、北改、中优）和优化城市空间布局，积极推动都市现代农业的发展，兑现了提高农业生产效率和推动区域经济发展的承诺。这座城市已经开始编制都市现代农业发展规划以及分区域农业产业的专项规划，特别是在“西控”区域，划定了 332 万亩（1 亩 ≈ 667 平方米）的粮食生产功能区和 95 万亩的重要农产品生产保护区，显示了对保持农业生产和保护重要农业资源的重视。此外，成都市专注于发展优质粮油、优质蔬菜和特色水果等优势产业，并规划建设如中国天府农业博览园这样的现代农业产业功能区和重点园区。为提高管理效率和促进产业发展，市政府还全面启动了功能区（园区）的“管委会 + 投资公司”管理体制改革试点。这种管理体制改革旨在提高决策效率和资源配置的效果，进一步激发区域经济活力。成功获批创建国家现代农业产业科技创新中心的成都市正在努力推动现代农业产业链和价值链的垂直整合，构建以成都市为核心的现代农业生态圈创新生态链。这些措施不仅为农商文旅体的全面融合发展奠定了坚实的基础，而且有效地促进了区域内农业与其他产业的协调发展，进一步推动了乡村振兴和城市农业现代化。

（二）以景观化、景区化建设为重点，打造农商文旅体融合发展新载体

成都市在推动公园宜居城市和乡村发展的战略中，积极结合特色镇（街区）建设和川西林盘的保护与修复，实施了“农业 +”系列行动。这一系列措施旨在深化大地景观再造，加速高标准农田的建设，并推动田园景观与林地、绿道、村庄等的有机融合，从而形成新的消费和商业业态。通过这些综合性措施，成都市已成功建成多个农业文创精品项目，如成都崇州的竹艺村和成都蒲江的明月村，这些都是推动地区文化和旅游发展的典范。此外，该市已累计建成 38 个国家 A

级旅游景区的乡村旅游基地（园区），这些基地为乡村旅游提供了强有力的支持。

（三）以深化农业农村改革为抓手，激发农商文旅体融合发展动力

成都市作为全国农村改革的试验区，已全面深化农业改革并承担了多项国家级改革试点任务，取得了显著成效。在农业改革的先锋措施中，成都市实施了农村土地承包经营权的“三权分置”试点，该改革得到了国家的认可，并已在其他地区推广。此举有效地解决了农村土地所有权、承包权、经营权的分离问题，提高了土地资源的使用效率。此外，成都市还是全国首个建立“农村土地流转履约保证保险”制度的城市，通过此制度，增强了农村土地流转市场的信用体系，降低了交易风险。同时，该市推广了“农业共营制”，有效地将小规模农户与现代农业进行了有机衔接，显著提高了土地的规模经营率。在农业经营主体的培育方面，成都市成功培育了超过 2 万家各类农业经营主体。在人才培养方面，成都市也取得了突出成就，率先建立了农业职业经理人培育认证制度，全面推进新型职业农民制度的试点，已经培育了超过 10 万名新型职业农民和 1.4 万名持证农业职业经理人。因其在新型职业农民培育方面的突出表现，成都市被确定为全国新型职业农民培育的部级整市推进示范市。这些深化改革的成果为农商文旅体的全面融合发展提供了坚实的基础和有效支撑，使成都市在推动农业现代化和乡村振兴方面取得了显著成效，为其他地区提供了宝贵的经验。

三、农体融合发展与乡村振兴的内在联系

（一）农体融合发展的内涵

农体融合，顾名思义，指的是农业产业和体育产业的深度结合与相互促进。它不仅将农业资源用于体育活动的场地建设，更通过这种融合创造出新的经济增长点，推动产业的协同发展。农体融合在推动农业产业转型升级的同时，也能推动体育产业的多元化发展，形成更加丰富的产业链条。

1. 农业与体育的资源互补性

农业资源是发展农体融合的基础。农村的自然景观、绿道、果园、农田、森林等自然资源，为体育活动提供了丰富的场地。这些场地不仅适合举办各类体育赛事，还能吸引健身爱好者和生态旅游者前来体验和参与。同时，农田和果园的生态景观本身便具备一定的疗愈性质，能够吸引都市居民进行休闲健身和深度休闲旅游。

2. 体育产业带来的经济效益

体育产业不仅局限于赛事和活动本身，还通过周边的消费市场产生连带效益。

例如，乡村举办的体育赛事或节庆活动，可以直接带动当地酒店、餐饮、交通、旅游等相关产业的发展，为农业生产提供强大的市场需求。通过体育活动的市场化运作，农业产品得到了更广泛的消费群体，农民的收入有了新的增长点。通过发展农体融合的健康旅游项目，农民不仅可以依靠传统的农业生产收入，还能从体育旅游和生态旅游等多元化产业中获益。

3. 创造新型的消费场景

通过结合农业与体育的特色，创新农业产品的消费场景。例如，将“农事体验”和“运动健身”相结合，打造农田运动会或农业健身体验区，让消费者在享受体育活动的同时，亲身体验农业的生产过程，增强他们对本地农产品的认知和消费欲望。这种新型的农业消费模式，不仅提升了农业产品的市场竞争力，也推动了农村经济的转型升级。

（二）农体融合是实现乡村振兴的重要路径

乡村振兴不仅是农业现代化的过程，也包括乡村经济、社会、文化等多方面的振兴。在这一过程中，农体融合发挥了至关重要的作用。它不仅通过体育产业的介入促进乡村经济的多元化，还为乡村文化的复兴、生态环境的改善提供了新的思路和方法。

1. 多元化的产业布局

乡村振兴要求实现农业生产方式的转型，而农体融合为这一转型提供了重要的路径。通过农业与体育产业的结合，乡村经济不再单纯依赖传统的农业生产，而是逐步向休闲农业、乡村旅游、生态农业等多元化产业发展。例如，通过发展农村体育产业，乡村能够吸引大批城市居民参与运动旅游，推动乡村的消费和收入增长。此外，体育活动还促进了乡村环境的改善，推动了生态文明建设，增加了乡村的可持续发展潜力。

2. 推动乡村文化的复兴与创新

体育活动不仅仅是健身和娱乐的工具，更是文化交流和传播的载体。结合乡村传统的农耕文化，可以举办具有本地特色的体育赛事，如“田园马拉松”“农田定向越野赛”等。这些活动不仅增强了城市与乡村之间的互动，还强化了乡村的文化认同感。体育赛事和活动本身也成了地方文化和旅游的展示平台，增强了乡村的吸引力和文化自信。

3. 促进乡村生态旅游与农业旅游的融合

生态农业和体育产业的融合，创造了以健康为主题的旅游产业。例如，结合健身、跑步、徒步和自行车等运动形式，乡村旅游可以开发“运动＋自然”的双重体验项目，既满足了市民对健康生活方式的需求，又提高了乡村的自然资源利用率。通过这种方式，乡村不仅能够在传统农业的基础上获得更高的收益，还能够通过体育活动吸引更多的游客，提升乡村的旅游业和服务业的整体水平。

四、依托成都市农体融合发展实践，探索农体融合新路径

成都市作为一个典型的城市化发展较快的地区，在乡村振兴战略中积极推动农业产业与体育产业的融合，为其他地区提供了宝贵的经验和启示。通过一系列创新实践，成都市推动了农体融合发展，为乡村振兴注入了新的动力。

（一）通过“体育 + 农业”的模式，推动乡村产业多元化

成都市通过发展“体育 + 农业”模式，为乡村振兴开辟了新的增长点。在成都周边的郊区和乡村，市政府鼓励开展“体育 + 农业”项目，如在农田、果园、景区等区域举办马拉松、登山、骑行等大型体育赛事。这些赛事不仅增加了乡村的曝光度，还促进了农业产品的市场化，提升了乡村品牌形象。例如，成都市的崇州、蒲江等地，通过马拉松赛事等形式，吸引了大量游客和体育爱好者，进一步推动了当地农业特色产品的展示和销售。

此外，成都还通过“体育 + 旅游”模式，推动乡村休闲农业的发展。在农业园区、农家乐等场所，结合体育活动，如山地自行车骑行、乡村跑步等项目，形成农业产业与体育产业的互补互动，带动地方经济发展和农民收入增长。这种模式不仅提升了乡村的知名度和吸引力，还进一步促进了体育赛事与农业资源的结合，推动了农业产品的品牌化和市场化。

（二）强化体育基础设施建设，促进农体融合发展

成都市在乡村振兴中，不仅推动了农业和体育的融合，还注重体育基础设施的建设和完善。例如，市政府推动在乡村地区建设体育公园、健身步道等设施，提升乡村的居住和生活质量。这些基础设施不仅满足了当地居民的健身需求，也为游客提供了良好的运动体验，进而带动乡村旅游和农业经济的发展。

成都市还注重推动农村地区体育设施的多功能化。例如，建设了可供赛事、训练和休闲娱乐结合使用的综合体育场馆，既能为当地居民提供日常健身活动场所，也能为外来游客和体育赛事提供专业场地。这些体育基础设施的建设，不仅促进了农体融合的实施，还为乡村振兴注入了长期的可持续发展动力。

同时，成都市还探索通过体育产业链的延伸，推动农业与体育的深度结合。在成都的郊区，农体融合的休闲度假区成为新型的产业发展重点。通过整合农田景观、森林公园等自然资源，建设集农业生产、体育活动、休闲度假于一体的综合体，成都市推动了农业、文化、体育的深度融合，形成了“农体共生”的产业链。

（三）政策支持与政府引导，促进农体融合的可持续发展

成都市不仅依靠市场力量推动农体融合，还注重政府政策的引导作用。市政府出台了一系列支持农业与体育融合的政策措施，包括财政资金支持、土地资源配置、税收优惠等，为农体融合项目提供了良好的发展环境。此外，成都市还注重加强农体融合的示范和引导，支持农业园区、体育基地和乡村振兴项目的建设，为其他地区提供了可以复制的经验和模式。

成都市的农体融合实践表明，政策引导与市场运作相结合，可以有效促进农业产业和体育产业的融合，推动乡村经济的多元化和可持续发展。

第七章　体育产业与其他产业的融合发展

体育产业在融合与创新中焕发全新光彩。除了上述章节论述的融合产业，体育产业还与其他多个产业进行融合发展。本章将对另外几种热门的产业融合进行分析和研究，以进一步探讨体育产业融合的多样性和广泛性。

第一节　体育产业与健康产业的融合发展

根据“十四五”规划文件和《“健康中国 2030”规划纲要》，我国政府致力于推动体育与文化、养老、医疗、健康等产业的融合。这一战略的核心目的在于促进产业供给侧结构性改革，激发产业活力。特别是医体融合策略，它强调通过加强医疗和体育的结合，引导非医疗健康干预的发展，形成综合的健康服务模式和疾病管理模式。这些模式的设计旨在利用全民科学健身和体育活动的优势，促进全民身体健康并防范慢性病的发展。[①] 为了有效推动医体融合的策略，首先必须深入了解健康产业和体育产业的当前发展状态及二者的融合现状与存在的不足。这包括评估两个产业在资源共享、技术应用、服务模式等方面的互动和协同潜力。此外，还要明确融合的关键点是实施策略的重要一步，这可能涉及创新的服务交付模式、新兴技术的应用及跨领域人才的培养等。

基于对我国实际情况的深入分析，制定具体而切实可行的政策是关键。这些政策应包括但不限于提升医疗和体育服务的整合度，增强相关领域专业人才的培训，以及促进技术创新和研发；还应支持建立更加开放和包容的合作平台，以便不同领域的专业人士可以共同探索和开发新的服务模式和治疗方法。

一、体育产业与健康产业融合的“健康中国”战略背景

《“健康中国 2030”规划纲要》将健康提升至国家战略层面，明确提出了

① 符洪崧，李选上，肖春清，等. 社区体育与医疗服务融合的实践服务模式及协同治理运行机制［J］. 辽宁体育科技，2022，44（3）：47-51.

健康产业的战略任务和目标。该战略强调体育与健康产业的深度融合，并突出了健康是国家、社会和个人的共同责任。在这一框架下，政府提出了普及健康生活、优化健康服务、完善健康保障、建设健康环境和发展健康产业五个方面的战略任务，旨在全面提升国民健康水平。这些任务指向了一个目标，即通过整合各类资源和力量，提升公民的整体健康状况。

在医体融合方面，这种策略不仅体现为将医疗服务与体育活动结合，还在更广泛的层面上通过资源整合来构筑一个全方位的公共健康服务体系。医体融合的实质是通过体育活动来促进人体健康，同时利用医疗资源来优化体育活动的健身效果。这种策略的特点主要包括以下几个方面。

1. 全民性

根据"健康中国"战略和相关政策内容，推动医疗与体育融合发展的重点之一是确保健康服务的普及和全民覆盖，鼓励全体民众以及社会各方面力量积极参与到这一进程中，共同构建一个更加全面和有效的公共健康服务体系。[①]

2. 实践性

政府及相关部门非常重视实践平台的建设和基础环境的完善，以促进健康服务和体育活动的有效融合。一些具体的实践包括开发线上运动处方库，提供个性化的运动建议和健康指导；利用科技手段如移动应用、可穿戴设备等收集健康数据，为用户提供定制化的健康管理服务；建设以健康和体育为主题的公园和步道，鼓励公众参与户外运动，增强体质。

3. 融合性

在"健康中国"战略的指导下，各地政府推出了多项融合发展政策，旨在将体育与医疗、休闲等领域有效结合，具体措施包括制定和实施将体育与大健康、体育与医疗、医疗与休闲运动、体育与康复等领域结合的政策，促进这些领域之间的资源共享和服务整合；从融合的角度出发，建设能够同时服务于医疗和体育需求的设施，如综合性体育健康中心、康复中心等；通过教育和培训项目，培养能够跨领域工作的专业人才，如体育医学、运动康复、体育健康管理等。

二、全民健康背景下体育产业与健康产业融合发展的关键点

为持续推进健康产业与体育产业的融合发展，需要从产业本身出发，把握各

① 马文超. 体医融合背景下社区医疗与体育健康产业协同发展模式研究［J］. 科技资讯，2022，20（8）：214-216.

种内在要素，包括人才、政策、外部环境及产业本身，寻找融合发展的关键点，确保顺利推进这两大产业的融合。

第一，在全社会参与的基础上，全民健康工作的推进需要加强。特别是对少年儿童的健康和体育活动，应通过教育机构、体育组织和社区活动来推广正确的健康观念和体育的重要性。这不仅能帮助他们理解运动与健康的关系，还能在全民范围内培养起良好的健康习惯和体育活动的常态。此外，健康和体育活动宣传应扩展到所有年龄段，通过社会企业和社区组织的参与，普及健康和运动的知识，以形成全社会的健康支持网络。①

第二，健康产业与体育产业的融合需要教育、体育、文化及医疗卫生等各部门的积极参与和协作。国家层面的政策应由国务院牵头，配合相关部门联合行动，共同落实大健康管理机制，确保健康资源和医疗资源的有效整合和共享。这种协同不仅限于资源共享，也应包括政策制定、资金分配和公共服务提供。

第三，政府政策在促进产业融合中扮演着关键角色。通过强化顶层设计和整体规划，形成全民健康与体育融合的综合机制。在政策的引导下，社会各界积极响应政策，参与健康活动和服务的提供，确保政策能够落地并发挥实际作用。

第四，实施“健康中国”战略后，需要对健康和体育资源进行优化配置。这包括加速基础设施建设，完善公共健康服务，以及通过供给侧结构性改革促进各地区健康服务的均衡发展。资源的合理分配不仅能促进服务效率提高，还能确保医体融合的广泛覆盖，从而真正实现全民健康。

三、体育产业与健康产业融合发展的困境

（一）政策规制保障力不足

体育产业与健康产业的融合发展需要明确的政策指导和法规支持。然而，当前这两大产业融合发展的政策保障体系存在不足。首先，缺乏专门针对体育产业与健康产业融合发展的综合性政策文件。现有的政策多聚焦于单一产业的发展，未能从宏观层面提出促进两大产业融合的具体措施和长远规划。这导致产业发展缺乏足够的政策引导和支持，使得产业融合的步伐缓慢且产生的效果有限。

其次，行业管理类政策亟待完善。随着体医融合的不断深入，新的业态、产品和服务形式层出不穷。然而，这些新兴业态往往面临监管的空白或不足，如体医融合服务机构出现的侵犯知识产权、商业定位不明确、产品服务质量参差不齐等问题。这些问题的存在，不仅损害了消费者的利益，也影响了整个产业的健康

① 张波，陈文刚，李献青．“健康中国”背景下体育与医疗卫生共生机制及路径探析［J］．当代体育科技，2021，11（19）：171-174.

发展。因此，各地各级政府需要加快推进体育健康产业管理制度体系的建设，出台相关法律制度、市场管理条例和行业服务标准等，以规范产业发展，提高产业管理效能。

最后，针对企业的市场激励性政策不足。目前，政府对体育健康融合产业的资金支持不够，缺乏专门的资金机制支持其发展，导致企业在项目开发、研发创新和市场推广等方面面临融资难题。此外，税收优惠政策也未能有效倾斜至体育与健康融合产业相关企业，企业承受了较大的税负压力。人才培养与引进方面的政策同样存在不足，专业技术人才相对短缺，限制了企业的服务质量提升和规模扩大。

（二）资源要素渗透力不强

体育健康融合产业的发展同样受制于资源要素的渗透力。目前，产业链条主要集中在以公共医疗卫生体系为支撑的救治模式，而预防型和养护型产业链相对较弱。这导致产业链的协同作用不强，服务场景、用户需求、人才流动及数据信息的通畅性均面临挑战，进而影响到市场的一体化开发和商业创新。

在中游的救治链主要聚焦于运动损伤的康复治疗，而对于运动损伤前的健康管理服务如测评、导练等，以及损伤治疗后的养护服务产品的创新不足。当前，市场上的运动康复机构虽然在康复治疗上具有一定的服务能力，但在全面的健康管理和后续养护上的服务产品却显得较为薄弱。这主要是因为两大产业基础资源要素（资金、人才、信息、技术、数据等）的流通和整合不够，缺乏有效的协同和通畅性。

从体育产业的角度看，尽管拥有丰富的场馆、设施和科学锻炼的方法原理，但这些资源尚未与健康产业进行充分的对接和开发，导致融合载体的利用率低下，创新开发不足。而从健康产业的视角看，虽然其拥有先进的医学研究成果和成熟的人才培养体系，但这些优势资源在体育产业中的应用和借鉴仍非常有限。这种资源的隔阂不仅限制了产业融合的深度和效率，也阻碍了新业态和新模式的创新发展。

（三）科技创新应用不足

当前，体育健康融合产业在科技创新应用方面也存在不足。尽管全球多个产业已经开始广泛应用大数据、云计算、物联网等高新技术来提升效能，体育健康融合领域的部分企业却缺乏科技加持，创新能力不强。

一方面，部分传统企业缺乏对新兴科技的深入了解，过于重视维持现状和稳定，对新兴科技持谨慎态度。这种保守的思维方式限制了企业的创新动力和发展潜力。另一方面，高昂的科技应用成本也是一个不容忽视的问题，尤其对于中小微型企业而言，技术设备的投入、专业软件的采购、系统迁移的实施等成本过高，使得这些企业在数字化转型和技术升级上缺乏足够的动力和意愿。

（四）居民消费需求力不高

尽管公众对体育和健康的认识不断提高，体育健康意识的普及也在逐步增强，但居民的体育健康消费需求转化为实际消费的过程中仍存在诸多障碍。

首先，居民在主动健康消费方面的投入明显不足，消费结构依然以基本生活需求为主，对于健康投资的意识需要进一步加强。这要求政府和社会各界加大健康教育的力度，通过公共媒体、学校教育、社区活动等多种渠道，普及体育运动的益处，改变居民的消费观念，提升他们对体育健康产品和服务的需求。

其次，由于体育健康产业中存在的服务质量不一、信息不透明等问题，消费者对该产业的信任度不高。这种信任危机不仅影响了消费者的消费决策，也阻碍了行业的健康发展。因此，加强行业监管，建立健全的行业规范和服务标准显得尤为重要。需要相关部门采取措施，加强市场监管，打击违法违规行为，保护消费者权益，同时提升行业的整体服务质量和透明度。

最后，企业在消费意识培育方面也存在不足。许多中小企业的市场开发、品牌建设和与消费者互动方面的能力较弱，难以有效应对市场变化和满足消费者需求。

四、体育产业与健康产业融合发展的路径

（一）精准治理推动政策高效落地，提升保障力

政策的制定与实施是促进体育产业与健康产业融合的关键。首先，政策的精准制定依赖于强有力的智库功能。体育产业与健康产业智库应聚集来自学术界、企业界和社会组织的顶尖人才，进行深入的行业现状调研，分析公众需求及未来趋势。智库团队应在政策制定前提供科学的咨询报告和建议，有效服务于政府决策。例如，智库可以通过定期发布的研究报告和政策白皮书影响政策制定，确保政策既符合国家战略也贴合行业发展需求。

其次，系统的顶层设计和统筹规划是构建有效政策保障体系的核心。国家和地方政府应加快制定和实施诸如《体育产业与健康产业融合发展指导意见》《体育健康产业发展纲要》等一系列政策文件，明确产业融合的目标、路径和具体措施。相关政策不仅要涵盖资金支持、税收优惠等激励措施，还应包括人才培养、技术创新等多方面的支持。通过这种综合政策体系，可以形成政府、市场与社会三方共同参与的融合推动机制。

最后，为确保政策的高效执行，必须建立健全的工作机制。这包括成立跨部

门协作的工作小组，明确各部门在政策执行中的职责，定期召开工作会议，评估政策效果，及时调整和优化政策措施。例如，可以设立“体育健康融合发展工作推进组”，由体育、卫生、教育、文化及旅游等相关部门组成，确保政策的全面性和协调性。

（二）平台搭建促进要素渗透，凸显支撑力

平台的搭建是降低市场交易成本、提高资源配置效率的有效途径。

首先，学术交流平台的建立是促进技术和知识渗透的关键。例如，可以定期举办体育与健康大会，邀请研究人员、企业家等参与，不仅提供一个思想碰撞的场所，也促进最新科研成果的交流和应用。这样的平台能够帮助产业界及时了解行业发展的最新趋势，促进技术创新和知识更新。

其次，行业交流平台的构建可以有效促进信息要素的渗透。通过组织行业研讨会、论坛等活动，增强产业链上下游的沟通与合作，推动信息的快速流通。这些活动应聚焦于实际行业需求和痛点，提供平台供各方面专家、企业家等交流意见和分享经验，从而发现合作机会，推动新技术、新产品的开发与应用。

再次，市场资源交易平台的建立对于资本要素的渗透至关重要。通过这样的平台，可以将体育产业与健康产业的多种资源进行有效整合和交易，如设施、设备、技术等。这不仅有助于提高资源使用效率，还能降低交易成本，吸引更多的投资进入这一领域。例如，江苏省体育产业集团有限公司与江苏省产权交易所合作建立的体育产业资源交易平台，就是通过现代互联网信息技术，实现了体育产业资源的在线发布和交易，有效促进了产业的发展。

最后，人才互通平台的搭建是实现人才要素渗透的关键。通过技术研讨、学术交流、项目合作等多种形式，可以建立起人才资源共享的机制。这种平台不仅能帮助企业和研究机构寻找到所需的专业人才，也能为人才提供展示自己能力和寻找发展机会的场所。例如，企业可以通过与高等院校合作，设立与体育和健康相关的研究与教育中心，不仅为学生提供实践机会，也为企业提供创新发展思路和问题解决方案。

（三）科技应用提升企业运作效能，强化创造力

随着科技革命的推进，人工智能、大数据、云计算等技术在体育产业与健康产业中的应用日益增多，极大地推动了产业的创新和转型。①

首先，企业需要强化数字战略的定位。这意味着企业应将数字化转型视为发

① 王秀阁．关于“课程思政”的几个基本问题：基于体育“课程思政”的思考［J］．天津体育学院学报，2019，34（3）：188-190.

展战略的核心部分，通过技术的应用优化组织结构，改进管理体制，创新产品和服务。例如，运用大数据分析来优化客户服务流程，通过人工智能技术打造个性化的客户健康计划，或利用云计算提高数据处理的效率和安全。

其次，提升运营管理的绩效也是至关重要的。这需要企业借助先进技术来优化内部管理和提高服务质量。例如，通过建立集中的数据中心来改进信息流通和决策支持体系，利用智能系统来提高资源配置的精确性和响应速度。此外，企业还应通过技术改造升级传统的运营模式，如在体育场馆中引入智能监控和客户管理系统，提高场馆的运营效率和客户满意度。

最后，创新产品和服务供给也是科技应用的一大领域。随着消费者需求向着多样化和个性化趋势的发展，企业需要不断创新以满足市场需求。例如，开发智能穿戴设备来监测用户的身体状态和运动表现，使用移动应用来提供个性化的健康管理和健身指导。此外，利用虚拟现实（VR）和增强现实（AR）技术创造沉浸式的运动和健康体验，可以吸引更多消费者参与，并提升服务的吸引力和竞争力。

（四）传播赋能扩大消费需求总量，培育需求力

我们可以通过有效的传播和教育策略来扩大体育产业与健康产业的消费需求总量，并培育强大的市场需求力。

首先，加大宣传教育的力度至关重要。政府和相关机构应利用电视、广播、互联网等多种媒介广泛传播科学的运动健身知识和健康生活方式，增强公众的健康意识。例如，通过官方渠道和社交媒体发放体育消费券，推广体育消费试点城市的建设，不仅可以激发居民的直接参与意识，还通过示范效应提升了全民对体育健康活动的认识和兴趣。

其次，教育系统在传播体育和健康理念中扮演着关键角色。学校应将体育教育和健康知识纳入必修课程，不仅在课堂上教授，也应通过丰富的课外活动让学生实践和体验。此外，教育部门应与体育部门合作，培养专业的体育教师和健康顾问，为学生提供科学的运动指导和健康管理服务。

最后，媒体的主导作用不容忽视。体育和健康企业应积极利用新兴的媒体平台和传统媒体，创造性地推广其产品和服务。例如，开展在线健康挑战、虚拟运动会等活动，不仅能提高品牌知名度，还能直接推动消费。同时，企业应通过参与或赞助公共健康活动、体育赛事等，建立良好的公众形象，增强消费者对品牌的信任感和忠诚度。

第二节 体育产业与动漫产业的融合发展

体育动漫是体育与动漫产业融合的独特产物，它结合了体育的活力与动漫的创意，为推广体育文化及增强青少年的体育意识提供了新的平台。体育动漫通过引人入胜的故事和鲜明的角色塑造，不仅传递了体育竞技的正能量，也激发了观众特别是青少年的体育热情。然而，尽管国产体育动漫如《围棋少年》和《左手上篮》等作品已经在传播体育精神和文化方面取得了一定的成效，但它们在市场竞争力和影响力方面与国际经典体育动漫相比还存在较大的差距。国产体育动漫发展面临的主要问题包括创意内容的匮乏、故事和角色深度不足及整体制作质量欠佳。此外，市场推广和品牌建设的滞后也限制了其市场影响力的扩展。影响其发展的核心因素还包括专业人才短缺、资金投入不足及动漫与体育领域之间合作不充分。学界已开始研究这一现象，关注中国体育动漫的发展现状、对青少年体育意识的影响及其产业发展趋势，并提出了建设性意见。但我国体育动漫在文化价值、体育特质的彰显、作品的丰富性及产业水平的提升等方面仍需进一步的系统研究和开发。本节旨在通过探索体育动漫的价值，阐明其内在属性和功能，揭示发展中的问题，分析制约因素，并探究具有中国特色的体育动漫发展的实际路径，为其未来的发展提供理论和实践支持。

一、体育动漫的发展价值

体育动漫作为一种独特的文化产品，其价值不仅在于其艺术表现和娱乐功能，更在于其能够通过具体的作品形态，如故事情节、角色建构及其内在含义，来传达深层的文化和社会价值。体育动漫的发展价值可以从文化、社会和经济三个维度来详细阐述。

（一）推出时尚视觉作品，满足大众体育文化需求

体育动漫作为一种文学形式，不仅融合了体育的动感与动漫的视觉艺术，还通过其独特的审美价值来丰富和提升观众的文化体验。[①]体育动漫利用视觉艺术转化体育活动的激情和动感，通过具体的视觉符号如点线面、形状、色彩、明暗、质感和空间等元素，将文字的抽象描述转化为具体的视觉造型，从而有效地传达

① 王苏君．走向审美体验：试论研究审美体验的重要意义［J］．新疆大学学报（哲学社会科学版），2001（4）：78-83.

故事和角色的深层次意义。这种转化过程不仅增强了故事的表现力，而且通过视觉艺术的形式，让角色和情节的情感表达更为直接和强烈。例如，《灌篮高手》中的樱木花道，通过其鲜明的红色发型和独特的性格特征，不仅增强了视觉识别度，还通过视觉语言加深了观众对其性格和情感的理解和共鸣。这种通过视觉符号实现的角色塑造和情感传递，是体育动漫中最具吸引力的审美特点之一。[①] 此外，体育动漫通过其独有的方式表达了运动的美学和精神，促进了观众的创造性思维和审美意识的提升。体育动漫不仅仅是娱乐的手段，更是教育和文化传播的重要工具，通过展示体育精神和竞技美学，影响并激励了一代又一代的年轻人。体育动漫的文化价值在于其能够跨越文化和语言的界限，通过普遍易懂的视觉艺术形式，将体育的积极价值观和人类的共同情感传达给全球观众。这不仅使体育动漫成为全球文化交流的桥梁，也使其成为推动社会价值观和人文精神传播的重要力量。

体育动漫作为一种独特的文化媒介，不仅满足了观众对精神文化的需求，还通过其丰富的人文内容和深刻的精神内核，有效地传达了积极的生活态度和价值观。这种媒介通过结合体育与动漫的元素，创造了一种新的艺术形式，这不仅展现了体育竞技的激情和动感，还深入探讨了人物的心理和情感，从而使得体育动漫成为传递复杂人文关怀和精神品质的有效载体。在体育动漫中，角色通常展现出对生命的热爱、对梦想的追求以及在现实与理想之间的挣扎。[②] 例如，《灌篮高手》中的樱木花道以及《雄狮少年》中的阿娟，这些角色不仅在体育竞技中展现出拼搏进取的精神，也在个人成长的过程中表达了对理想的追求和对现实的反思。这些故事和角色使得体育动漫超越了简单的娱乐层面，触及了更为深层的社会和文化议题。

通过体育动漫的故事叙述和角色塑造，观众能够经历从感性认识到理性认识的审美体验过程，进一步领悟和反思生活的多重意义。这一过程不仅增强了作品的教育价值和文化深度，也使得体育动漫成为传播体育精神、增进社会理解和促进文化交流的重要工具。此外，体育动漫还承担了传播本土文化和传统价值观的重要任务。如《雄狮少年》通过将舞狮这一民族传统体育项目与现代社会生活相结合，不仅传播了民族文化，还探讨了个人成长和社会认同的深层次主题，从而激发了观众对传统与现代如何共存的深入思考。因此，体育动漫不仅仅是一种娱乐形式，它通过其独有的方式塑造了一种文化表达的新路径，展现了体育精神与人文关怀的完美结合，为观众提供了一种全新的视角来理解和评价现代社会和人类生活的多样性。

---

① 陆方. 动画电影符号学［M］. 北京：科学出版社，2017.

② 邓利平. 审美视野中的新闻传播［M］. 北京：新华出版社，2002.

（二）传播体育运动知识，拓展体育运动社会基础

体育动漫对青少年群体具有特殊的吸引力和教育意义，因为它不仅提供了一种娱乐方式，还有效地传递了体育知识，激发了青少年群体对体育活动的兴趣。体育动漫将体育运动的动作、规则和策略融入引人入胜的故事中，使得青少年能够在享受视觉和情感体验的同时学习到体育运动的专业知识。体育动漫中的故事往往围绕青少年角色展开，这些角色的成长故事能够直接让青少年观众产生共鸣，如《灌篮高手》中的仙道凭借其独特的篮球技能和战术理解，不仅赢得了漫画中的比赛，也激发了现实世界中青少年的篮球热情。动漫通过动画化的比赛场景详细展示了体育运动的技术动作和规则，如篮球的运球、灌篮、防守技巧等，这些直观的展示比传统体育教学更易于理解和模仿。动漫中的体育明星角色往往具有极高的理想化特征，他们的技能、精神和故事激励着青少年模仿和追随，这种"梦幻联动"效应使得角色的影响力超越了虚拟世界，深入观众的现实生活中。体育动漫不仅仅传递体育技能，更传递一种生活方式、一种积极向上的人生态度和价值观。体育动漫中常见的团队协作、公平竞争和不放弃的精神都是体育精神的重要组成部分，对青少年的品格形成有着积极影响。

体育动漫作为体育社会传播的重要途径，借助其独特的视觉审美体验和生动的叙事方式，能有效地普及体育文化并提高全民健身意识。[①] 通过结合流行文化与体育元素，体育动漫不仅增强了体育活动的吸引力，还扩大了体育传播的覆盖范围。体育动漫通过创造引人入胜的故事和鲜明的角色，使体育知识和体育精神以一种易于接受和理解的形式传递给广大观众。例如，《空中大灌篮》和其续集通过将篮球明星如迈克尔·乔丹（Michael Jordan）和勒布朗·詹姆斯（LeBron James）与动漫明星如兔八哥和达菲鸭结合，创造了一种跨次元的娱乐体验。这不仅吸引了全球观众，也有效传播了篮球文化。

另一个例子是《足球小将》，其中主角大空翼的形象基于日本足球名宿水岛武藏，通过艺术化和人格化的手法，将足球精神赋予角色，迅速扩散了这种精神。大空翼的形象在国际多个舞台上出现，如2020年东京奥运会的宣传片，成为体育文化传播的一个典型代表。体育动漫的叙事方式通常围绕团队合作和竞技精神展开，不仅展示了运动本身，还强调了团队精神和个人成长，这些都是全民健身倡导的核心价值。通过这种方式，体育动漫作品不仅激励个人参与体育活动，还促进了社会对体育精神的广泛认同和实践。

---

① 顾韶勇，宋卫东，孟欣欣．审美泛化：大众文化视野下现代体育的视觉化转向［J］．体育与科学，2011，32（4）：43-46.

（三）打造新兴消费热点，助力体育产业持续发展

体育动漫已经成为我国体育产业发展中的新消费热点。面临消费基础薄弱的挑战，打造新的消费场景成为解决体育产业消费基础薄弱问题的有效策略。[①] 通过体育动漫，特别是动漫中的体育明星所塑造的品牌形象，商品不仅仅是物理实体，更成为承载丰富文化意义的符号。这些符号化的商品转化为文化商品，引领了一股品牌消费热潮，表明体育动漫在塑造品牌形象、丰富消费文化方面具有独特的价值和作用。正如杰姆逊（Jameson）所言："文化是消费社会最基本的特征，还没有一个社会像消费社会这样充满了符号和概念。"[②] 在此语境下，角色与动漫周边产品产生了意义迁移并使商品发生溢价，这是一种"与产品属性非直接相关的信息影响到消费者对产品信念的价值溢出现象"。[③] 当一个普通的樱木花道模型获得《灌篮高手》的正版授权时，其市场价值可大幅超过其成本，显示出消费者愿意为附加在这些商品上的文化情怀和符号意义付费。这种情怀使消费者在购买这些动漫人物模型时，不仅购买了一个商品，更购入了与之相关的角色品牌价值和深厚的文化象征，满足了他们对文化消费的深层需求。此现象不仅见于日本动漫，其影响力已使之成为全球文化产业的一个重要组成部分。如同北京冬奥会的吉祥物冰墩墩，其设计巧妙地融合了冬奥元素与中国的国宝熊猫，不仅成为冬奥会的标志性形象，还成功转化为热门的体育文化产品，体现了文化与商业价值的成功结合。

体育动漫已经确立了其在产业中的重要地位，它不仅激活了市场主体的活力和大众体育消费需求，还被视为推动体育产业向更广阔、更活跃、更优质方向发展的重要战略资源。尽管当前我国体育产业在成为国民经济支柱性产业的道路上仍面临一定的挑战，但体育动漫的快速发展提供了一种有效的途径来扩大体育产业的规模和提升其产业地位。体育动漫，作为动漫产业中的一个独特分支，已经成为精神文化消费的重要组成部分。随着动漫产业的快速发展和观众基础的不断扩大，体育动漫以其独有的文化属性和鲜明的娱乐特性，逐渐在动漫领域中占据了重要地位。体育动漫的发展不仅推动了其产值的持续增长和产业规模的扩张，而且显著提升了其在全球文化市场中的影响力和竞争力。

国产体育动漫，如《超智能足球》《喜羊羊与灰太狼之筐出胜利》《左手上篮》等，不仅丰富了国内外观众的视觉体验，还提高了体育动漫的文化地位。这

---

① 任波，黄海燕. 体育强国建设背景下我国体育产业现实问题与发展策略［J］. 体育文化导刊，2022（4）：68-74.

② 杰姆逊. 后现代主义与文化理论［M］. 唐小兵，译. 西安：陕西师范大学出版社，1986.

③ 闫文君. 名人：传播符号学研究［M］. 成都：四川大学出版社，2018.

些作品的成功展示了体育动漫能够有效地结合体育精神与动漫艺术，吸引了大量青少年观众，同时也推动了体育文化的普及和传播。例如，《灌篮高手》的广泛流行不仅在20世纪90年代初期极大地推动了篮球文化的普及，其漫画和动画的巨大成功也证明了体育动漫在全球文化市场中的商业潜力。

此外，体育动漫与新媒体的融合发展使体育动漫成为青少年喜爱的娱乐节目。通过互联网和各种数字平台的传播，体育动漫作品能够快速地进入广大观众的视野，实现文化的即时共享和交流。这种与新媒体时代的传播特征的高度吻合，不仅拓展了体育动漫的观众群体，也增强了其市场竞争力。

二、我国体育动漫的发展困境

（一）文化价值有待彰显

在我国体育动漫领域，尽管有明显的市场需求和文化推广潜力，但其发展仍面临一系列挑战。首先，文化符号在体育动漫作品中的表达不够鲜明或深刻。当前的体育动漫多采用传统故事模式，缺乏创新和文化深度，使得文化符号在传播过程中难以有效地与观众产生共鸣。例如，《功夫熊猫》虽然取材于中国文化元素，却是由美国制作，表明国内作品在构建与传递具有深层文化意义的符号方面还有待加强。其次，体育动漫的精神品质亟需提升。部分国产体育动漫作品在创意与表现手法上过度依赖外国模式，特别是受到日本动漫的影响显著，未能有效挖掘和利用中国丰富的传统文化和历史故事，限制了其在国内外市场的竞争力和影响力。例如，国产体育动漫《围棋少年》笼罩在日本动漫《棋魂》的影子之下。而在国际市场上，如《功夫熊猫》等吸收了中国文化元素的动漫作品却成功赢得了巨额收益。[①] 除了《雄狮少年》等作品，目前仍然缺乏能够弘扬体育文化精神、获得公众广泛接受和认可的有竞争力及代表性的动漫作品与角色形象。这表明体育动漫的文化价值尚未完全体现。

（二）体育特质有待展现

面对体育动漫产业的多重挑战，需要从深度挖掘体育文化元素和优化社会传播途径两大方面着手应对。首先，加强体育元素的融入和表达至关重要。国产体育动漫目前主要涉及功夫、赛车和球类运动等题材，但在表达我国传统体育文化和现代体育精神方面尚显不足。例如，类似于《宋代足球小将》的作品能够成功地将非物质文化遗产如蹴鞠与中华传统美德结合，展示了如何通过动漫形式弘扬

---

① 孙珊珊，杨欣玥. 我国动漫产业竞争力提升对策研究[J]. 东北师大学报(哲学社会科学版)，2019(1)：183-188.

本土文化。因此，国产体育动漫应更多地探索和利用中国体育元素的独特性，从视觉元素、叙事结构到角色塑造上都应突出民族特色和创新，以更好地体现中国体育的丰富内涵和当代成就。

其次，优化体育动漫的社会传播途径也是提升其市场竞争力的关键。面对海外竞品的冲击和市场的多样化需求，本土体育动漫需在发行和传播策略上进行调整。随着数字化和互联网技术的发展，流媒体平台、手机游戏、短视频等已成为主流的文化消费形态。体育动漫制作方应充分利用这些平台的开放性和兼容性，① 通过细分市场和精准定位，满足不同受众群体的具体需求。例如，利用像哔哩哔哩这样的视频平台，将动漫作品按照类型进行分类管理，让观众可以根据个人喜好选择观看内容，从而更有效地吸引和维持用户的关注与活跃度。

（三）产业竞争力有待增强

为了提升我国体育动漫的影响力与竞争力，首先需要深化产品消费价值并扩展其受众基础。体育动漫在国内市场仍被视为较小众的文化形式，受众群体相对狭窄，部分作品如《喜羊羊与灰太狼之羊羊运动会》虽具有一定的流行度，但其幼儿化的美术风格和过时的剧情设定限制了其受众范围。为了打破这一局限，需要开拓更广泛的消费群体，并且创造具有更大影响力的体育动漫产品。日本的体育动漫如《灌篮高手》不仅在国内广受欢迎，还成功打入国际市场，成为全球范围内受欢迎的文化产品。这一成功案例表明，强大的文化符号和质量上乘的内容是打造跨年龄、跨国界流行文化的关键。其次，产业规模的扩大也是提升体育动漫竞争力的必要路径。当前体育动漫在整个动漫市场中占比较低，如《喜羊羊与灰太狼之筐出未来》的票房虽然可观，但与同期其他类型动漫相比仍有差距。这一现象反映出我国体育动漫在内容创新、产业链完善及多元化产品开发方面存在不足。国内体育动漫应当从内容制作到衍生品开发、再到国际市场推广等多方面进行系统布局和深化发展。通过创作连贯的系列产品，增强与漫画、游戏、玩具等其他文化产品的互动；通过聚焦高质量制作和创新故事讲述，可以有效扩大体育动漫的市场份额，并提高整个产业的盈利能力和文化影响力。

三、我国体育动漫的发展路径

（一）提高作品艺术性与思想性，彰显动漫作品的文化价值

创作团队需要摆脱对日本和美国风格的模仿，探索具有中国特色的艺术表达和叙事方法。这要求动漫从业者不仅要提升自己的专业技能，还需要深化对中国

---

① 吕江. 网络环境下中国动画发展的核心问题［J］. 新闻爱好者，2012（5）：15-16.

文化的理解和应用，从而在动漫作品中融入独特的文化符号。加强原创性，提升作品的艺术深度和文化内涵是必要的；还应当利用多元的信息资源和交流平台，加强行业内的经验分享和技术讨论，以培养能够独立思考和创新的动漫创作者。[①]体育动漫创作需要积极响应时代呼声，通过聚焦重大体育事件和突出体育人物，深入挖掘和创作反映体育精神和文化特色的经典故事和角色形象。这不仅可以增强作品的吸引力和感染力，而且可以使其更加深入人心，成为人们日常生活中的一部分。此外，体育动漫也应承载更高的文化使命，提升精神品质，整合社会主义先进文化，以促进人的全面发展。[②]我国政府已经将动漫产业纳入中华优秀传统文化传承发展工程，要求动漫创作不仅要展示技术与艺术的融合，还要深入传播先进的文化。因此，体育动漫创作者需要不断探索如何将体育元素与中华优秀传统文化中的先进价值观有机结合，创作出既有时代感又有艺术性的作品，从而在全球范围内推广中国的体育文化，增强中国体育动漫的文化影响力和市场竞争力。

（二）构建体育文化传播体系，彰显动漫作品的社会价值

体育动漫不仅在传播体育知识和道德方面起到了积极作用，还促进了健康生活观念和价值观的建立，对受众的体育认知产生了深远影响。在国家政策的支持下，体育动漫已被纳入文化弘扬和全民健身的官方计划中。《关于实施中华优秀传统文化传承发展工程的意见》中提出通过动漫传播中国经典民间故事的方案，表明了国家对创新文化传播方式的重视，以及通过现代化技术手段弘扬和传承中华优秀传统文化的决心。体育动漫行业被鼓励构建跨学科的创作团队，融合历史、文化、体育等多种元素，深挖传统与现代体育的文化资源。通过整合中国传统的绘画、戏剧和音乐美学，体育动漫致力于创作出既有浪漫主义色彩又不失现实主义特点的作品。这些作品不仅展示了鲜明的体育文化特色，也极大地丰富了动漫艺术的表现力和社会价值。此外，体育动漫行业还面临着如何全面利用现有和新兴的传播媒介的挑战。在流媒体时代，新型信息传播模式如“微博刷动漫”“微信聊动漫”“抖音看动漫”等已成为常态，受众可以利用碎片化时间随意、便捷地接收和传播动漫信息，如麦克卢汉（McLuhan）所言“新媒介不仅是机械性的小玩意，为我们创造了幻觉世界，它们还是新的语言，具有崭新而独特的表现力量”。[③]体育动漫行业面临着全面利用现有和新兴传播媒介的挑战，需要在综合传统媒体和新媒体的基础上，推动内容的多样化和传播方式的创新。为了满足不

---

① 高超．新形势下中国体育传播发展思考［J］．体育文化导刊，2019（2）：9-14.

② 胡玥．社会主义先进文化的概念界定及背景探究［J］．智库时代，2018（31）：53-54.

③ 翟琨．新媒介生态环境下微博舆情引导分析［J］．东南传播，2018（1）：92-95.

同受众的需求，体育动漫不仅要突破传统媒介如录影带、光碟、书籍和杂志的局限，还需要摆脱电视和电影院等有时间和容量限制的平台。因此，体育动漫应建立一个全面、多维、互动的传播体系，结合线上和线下资源，实现全流程的互动融合。这样的体系不仅能够提高信息传递的速度和效率，还能够更好地适应时代的需求，推动体育动漫的高质量和健康发展。

（三）提供多样化产品和服务，彰显动漫作品的产业价值

体育动漫作为现代文化消费的一个新热点，正逐步成为推动体育产业增长的关键因素。《"十四五"体育发展规划》中明确提出要培育新型消费模式，特别是通过体育动漫等时尚文化元素来扩大体育服务消费。体育动漫不仅需要通过创新的管理和市场策略来推动产业的发展，而且需要通过各种平台，如电影院、电视台、在线媒体等，推广动漫直接产品及其衍生品，创设消费热点，推动动漫消费提质升级。为了扩大体育动漫产业的规模，国家也已经设定了一系列支持政策，如数字化发展和税收优惠，促进文化和动漫企业的增长。体育动漫产业应该针对现有的挑战，如资金短缺、过度依赖传统收入渠道等，[①] 积极培养和建立多功能专业团队，推动高质量体育动漫作品的生产。这不仅包括传统的动画电影和电视动画，还应该与漫画、游戏、玩具等其他文化产品融合发展，从而在动漫行业中占据更大的市场份额，并完善体育动漫的整体产业生态。

第三节　民族传统体育产业与武术产业的融合发展

体育产业作为国民经济的重要组成部分，在促进经济发展方面发挥着显著作用。近年来，体育产业不断壮大和发展，特别是中国武术产业的兴起，为国家经济增长注入了新的活力。武术产业不仅具有深厚的历史底蕴和文化价值，还是传承中华文化的重要载体。它与民族传统体育产业在本质上具有高度的契合性，两者都致力于促进人的身心健康和全面发展。

一、武术与民族传统体育产业概述

武术，作为一项综合技击、健身与娱乐的中国传统体育运动，拥有丰富的技术内容和多样的表现形式，深受群众喜爱。它不仅是体育活动，还是中华优秀传统文化的重要组成部分，对中华民族的历史和文化发展产生了深远的影响。作为

① 孙珊珊，杨欣玥. 我国动漫产业竞争力提升对策研究[J]. 东北师大学报(哲学社会科学版)，2019(1)：183-188.

中华民族的文化象征，武术在其演进过程中不断地进行创新和发展，以适应社会经济的变化和人们生活方式的转变。

民族传统体育产业则是基于民族传统体育资源构建的，具有鲜明的民族特色和时代特征。这一产业包括以竞技武术为核心的体育竞技产业、以民族民间体育为基础的体育节庆活动、以民俗活动为主体的民俗体育产业等。这些活动不仅丰富了民众的文化生活，也促进了传统体育的发展和创新。

在宏观和微观层面上，武术既可以被视为体育产业的一部分，也属于文化产业的范畴，因其具有独特的文化内涵和艺术表现形式。同样，民族传统体育产业也是从传统体育文化中衍生出的一种新型产业形态，它结合现代社会的需求与传统元素，不断创新和发展。

武术与民族传统体育产业的紧密结合不仅有助于保护和传承珍贵的文化遗产，还能增强它们在现代社会中的活力和吸引力。这种融合发展策略不仅能够提升两者的文化价值和市场潜力，也有助于推广健康的生活方式，加强民族身份的自豪感。因此，深入挖掘武术与民族传统体育产业的内在联系和文化价值，推动两者的有机融合，将对促进社会经济的发展和文化的繁荣发挥重要作用。

二、民族传统体育产业与武术产业融合发展的重要意义

民族传统体育产业与武术产业融合发展对于推动中华优秀传统文化传承和经济发展具有重要意义。这种融合发展不仅有助于保护和活化中国的文化遗产，还能增强公众对中华优秀传统文化的认同感，提升文化自信。作为一种历史悠久的文化象征，武术与各种民族传统体育项目结合，可以更有效地吸引国内外参与者的兴趣，同时创造经济价值。

民族传统体育和武术的融合不仅是文化传承的方式，也是经济创新的途径。通过这种融合，可以推动相关产业，如旅游、教育、体育设施建设等领域的发展，进而促进就业和地方经济的提升。武术的全球影响力和民族传统体育的独特性相结合，有助于打造独特的体育文化品牌，增强国际交流。此外，这种融合对于推进社会和谐与国家的全面发展也具有重要作用。它不仅能增进国内外对中国文化的理解和尊重，还可以作为实现中华民族伟大复兴的文化支撑。

三、民族传统体育产业与武术产业融合发展存在的问题

（一）相关政策法规的不完善

法规的执行问题主要源于法律文本可能过于宏观，缺乏有针对性和操作性的具体细则。这导致在处理具体事件时，法律法规难以精准适用，从而影响了法规

的有效性。例如，虽然有关于体育赛事和武术表演的安全规范，但在具体实施时，由于缺乏详细的操作流程和标准，常常造成规范难以具体落实到实际操作中。

监管机构在人力资源、技术手段、专业知识等方面的限制，使得对武术和民族传统体育活动的监管不足。监管机构可能面临人员不足、专业技能不够和技术设备落后等问题，这使得监管活动无法全面覆盖，导致一些违规行为难以及时发现和纠正。例如，赛事组织方可能由于监管不力，导致赛事安全标准不达标，增加了运动员受伤的风险；或者在教练员和运动员的资质认证过程中，因监管不严，导致不合格的人员参与教学和比赛，影响了运动和训练的质量。

（二）人才支撑的缺乏

中国在体育和武术领域面临复合型人才短缺的问题，这一挑战在民族传统体育和武术产业的研发、推广和运营等方面体现得尤为明显。

首先，在研发方面，由于较为缺乏既懂体育知识又精通武术技能的专业人才，许多传统武术项目难以与现代体育科学相结合进行有效的创新和改良。这不仅限制了武术与传统体育的技术进步和发展，也影响了这些项目在国际市场上的竞争力。

其次，在推广方面，由于缺乏能够将武术与体育知识相结合的营销和教育专家，武术与民族传统体育项目的普及受限，导致这些项目未能有效地惠及更广泛的受众，限制了其市场潜力的挖掘。例如，缺乏有效的推广策略和教育计划，使得武术等体育项目难以在年轻一代中产生广泛的影响力和吸引力。

最后，在运营方面，由于缺乏能够整合资源并有效管理的复合型人才，武术与民族传统体育项目在商业化和规模化运营上遇到困难。这些项目无法充分利用现有资源，如资金、场地和设备等，导致资源利用率低，难以实现经济效益的最大化。

（三）武术与民族传统体育项目资源共享度较低

在当前的发展模式下，武术与民族传统体育项目之间存在资源共享程度低的问题。这一挑战主要体现在资源的分散和整合不足，以及缺乏有效的合作和协调机制。这种情况不仅导致了重复建设和资源的浪费，还阻碍了产业的整体协同和效率提升。

首先，资源分散和缺乏协调导致各个项目之间合作不充分，使得各自的资源不能得到有效利用。例如，某地区可能投入大量资金建设一个高规格的武术训练中心，而附近区域的类似设施却处于空置或低效利用状态。这种资源配置的不均衡不仅增加了经济负担，也造成了资本的浪费。

其次，由于缺乏有效的资源整合机制，不同项目之间的优势互补和资源共享受阻。例如，一些地区可能在武术技术训练方面具有优势，而另一些地区则可能在体育市场推广或文化活动组织方面有独到之处。如果能够将这些资源和优势进行有效整合，将极大地提升整个行业的竞争力和市场响应速度。

最后，缺乏健全的资源共享机制，也使得一些成功的经验和创新做法难以在更广泛的范围内得到推广和应用。这不仅限制了好的创新成果的扩散，也阻碍了整个行业的技术进步和市场拓展。

四、民族传统体育产业与武术产业融合发展的策略

（一）科学规划，合理布局

政府应在宏观层面加强领导力，制定明确的民族传统体育产业与武术产业的融合发展策略。在制定策略时，应详细考虑地区特色与实际需求，确保资源配置的科学性和合理性。例如，可以将某地区的特有武术形式作为文化保护与推广的重点，如云南、四川等少数民族地区可将武术整合入当地的民族文化旅游项目中，增强地区文化的吸引力。这种策略不仅可以提升武术的文化价值和旅游吸引力，也能有效促进地方经济的发展。

政府应该强化区域合作，通过建立资源共享平台，促进区域内外的资源优势互补和协同发展。例如，不同地区可以共同举办武术节、比赛、展览等活动，这不仅能提升武术和传统体育的知名度，还能增进不同地区之间的文化交流和技术交流，从而形成更为广泛的社会影响力和经济效益。政府应借助现代科技手段，如数字化工具和平台，对活动进行宣传和管理，确保活动的高效组织和广泛传播。

（二）完善相关政策法规

在政策和法规层面，各地方政府应根据国家级的战略部署，如《“健康中国2030”规划纲要》，明确将武术和民族体育作为全民健身和健康促进的关键内容。各地应出台具体政策，加强武术产业政策引导，建立健全武术产业发展的政策体系，包括促进武术产业融合发展的体系、创新服务体系、人才激励体系以及产业统计监测与发布制度。这些政策不仅需要关注武术的保护和推广，还应涵盖新兴市场需求，如结合旅游、教育、数字媒体等领域的创新融合发展。

例如，可以借助国家层面的支持，设立专门的武术发展基金，支持武术与现代体育结合的项目，如武术电子竞技、虚拟现实武术体验等，这些项目能够吸引年轻人的参与，增加武术产业的市场活力。同时，法律法规也应加强对武术培训、赛事组织等方面的规范，确保行业的健康有序发展，避免因管理不善导致的负面影响。

（三）注重人才培养

在民族传统体育产业与武术产业的融合发展中，人才是核心资产。因此，强化人才培养是提升这两个产业发展质量和效率的关键。当前，中国高等教育和职业教育体系在体育与武术相关领域的专业设置相对薄弱，缺乏系统的、与国际接轨的复合型人才培养方案。首先，高等院校应加强与产业界的合作，开发符合市场需求的课程和专业，如武术与体育管理、武术与旅游管理、武术与健康科学等跨学科课程。这些课程不仅要注重理论教学，更应强化实践技能训练，例如，通过实习、实训基地的建设，使学生能直接参与到真实的项目管理、活动组织中来，提高其实际操作能力。其次，应通过设立奖学金、研究资助等激励措施，吸引更多青年学生选择与武术及民族传统体育相关的专业学习。此外，还需要加强师资队伍的建设，引进和培养一批高水平的教师和教练，他们不仅要有深厚的理论知识，还要具备丰富的实践经验。

（四）完善产业体系，进行资源整合

为了更好地推动民族传统体育产业与武术产业的融合发展，需要不断完善产业体系并进行资源整合。这包括建立更为高效的运营模式、加强产业链各环节的协同、推广创新的营销策略等。

首先，政府、企业、高等院校和研究机构应共同作用，建立一套完整的产业支持体系，包括资金投入、税收优惠、技术支持等方面，以促进民族传统体育产业与武术产业的健康发展。同时，政府应通过政策引导，鼓励企业、高等院校和研究机构等多方参与到产业创新中来，形成技术创新、内容创新和服务创新的良好环境。

其次，利用现代信息技术，如大数据、云计算等，对产业资源进行有效整合。通过建立共享平台，实现资源的优化配置，例如，共享训练设施、教学资源、市场信息等，以减少重复建设和资源浪费，提高产业运营效率。

最后，应创新营销和推广策略，利用社交媒体、在线平台等现代营销工具，扩大民族传统体育与武术的市场影响力。例如，可以通过线上竞赛、互动课程等形式，吸引更多年轻人参与到武术学习和体育活动中来，同时增加这些活动的观赏性和参与性，进一步提升体育市场的消费潜力。

（五）创新经营模式

为了推动民族传统体育产业与武术产业的进一步发展，创新经营模式是关键。现代经营模式应结合最新的市场趋势和技术发展，以满足消费者的多样化需求，并有效地将传统文化与现代生活方式融合。

首先，体育产业应适应数字化趋势，利用数字技术，如VR、AR和在线平台，提供新的用户体验和服务模式。例如，通过VR技术提供虚拟武术教学和比赛观看体验，不仅可以吸引技术驱动的年轻消费群体，也能突破传统体育活动的地域和时间限制，提供全球访问性。

其次，通过跨界合作拓展市场和增强品牌影响力。例如，与旅游、娱乐、教育和健康产业结合，开发包括文化旅游、体验营和培训课程在内的综合产品和服务。这种跨界合作不仅可以扩大民族传统体育产业与武术产业的消费基础，还可以增强消费者的品牌忠诚度和市场参与度。此外，推动社区基础设施的建设和利用，将民族传统体育项目和武术纳入社区健康和文化活动之中，可以提升居民的身心健康水平，同时增强社区的凝聚力和文化身份。通过定期组织的社区活动、比赛和展览，不仅可以促进民族传统体育和武术的推广，还可以带动更多人对这些活动产生兴趣并积极参与。

最后，强化品牌建设和国际推广是实现全球影响力的重要途径。通过有效的品牌传播策略，如国际比赛、展览和文化交流活动，可以提升民族传统体育与武术在全球范围内的知名度和影响力。同时，通过参与国际体育组织和活动，加强与国际体育界的合作与交流，可以不断提升民族传统体育与武术的国际地位和认可度。

中国武术产业的发展经历了从传统武术到现代武术的重大转变，这一过程中展现了其与民族传统体育产业的深刻契合。在现代社会，这种融合不仅体现在技艺传承上，还反映在以人为本的发展理念上。随着国家对体育强国战略的强调，民族传统体育与武术的结合逐渐成为推动社会和经济发展的新动力。武术，作为中国文化的重要组成部分，与民族传统体育共享着深厚的文化根基和发展目标。这种共享不仅限于文化传承，更在于如何利用这些传统资源服务于现代社会的需求。国家的支持为民族体育产业与武术产业提供了新的发展机遇，如政策扶持、资金投入和国际推广等，这些都极大地促进了两个产业的融合发展。

参考文献

[1] 李洪涛，陈姣，侯广斌．新时代体育产业融合发展路径研究 [M]．北京：中华工商联合出版社，2023．

[2] 金媛媛．我国体育与旅游产业融合发展的路径与协同治理机制研究 [M]．北京：经济科学出版社，2023．

[3] 杨锋．新常态下体育产业与养老产业的融合发展研究 [M]．北京：人民体育出版社，2023．

[4] 孙晓庆．观光农业与休闲体育产业融合发展研究 [M]．北京：中国农业出版社，2021．

[5] 黄海燕．走向强国：新时代体育产业 [M]．北京：社会科学文献出版社，2021．

[6] 刘博文．民族传统体育产业与武术产业融合发展研究 [J]．文体用品与科技，2024（6）：81–83．

[7] 朱亮．体育产业经济发展对城市经济增长的影响：基于中国市场的实证分析 [J]．文体用品与科技，2024（1）：100–102．

[8] 刘鉴峰，张学领．休闲体育与乡村旅游产业融合发展研究 [J]．村委主任，2024（3）：109–111．

[9] 吉成博，王艳琼，李永琪，等．红色文化和体育旅游产业融合发展机遇、挑战与路径 [J]．当代体育科技，2024，14（4）：67–69．

[10] 陈军，刘芸希，安澜．四川省康养产业与休闲体育产业耦合协调发展及路径选择 [J]．攀枝花学院学报，2024，41（2）：1–10．

[11] 郭晓光．“体育 + 养老”产业融合发展人才培养研究 [J]．赤峰学院学报（自然科学版），2024，40（2）：40–43．

[12] 伍艺昭，吕万刚．民族体育文化产业赋能乡村振兴思考 [J]．体育文化导刊，2024（2）：82–87．

[13] 薛莹，刘文祥．非物质文化遗产助力乡村旅游产业发展研究 [J]．商展经济，2023（16）：67–70.

[14] 韩松．我国体育竞赛表演产业互联网化的格局瞻望 [J]．四川体育科学，2023，42（6）：20–23.

[15] 介博．基于《观光农业与休闲体育产业融合发展研究》探索观光农业与休闲体育产业融合的理论与实践 [J]．中国瓜菜，2023，36（12）：167.

[16] 李宏滨．乡村振兴战略背景下农村休闲体育产业开发探析 [J]．农村经济与科技，2023，34（6）：27–29.

[17] 王文雯，熊辉．乡村振兴背景下观光农业与休闲体育产业的互利发展 [J]．灌溉排水学报，2023，42（8）：155.

[18] 汪逢生，王凯，李冉冉，等．体育产业与健康产业融合发展思考 [J]．体育文化导刊，2023（11）：82–87.

[19] 方哲红．旅游产业与体育产业融合发展 [J]．当代体育科技，2023，13（8）：101–104.

[20] 安晋．新时代民族传统体育产业融合发展模式分析 [J]．文体用品与科技，2022（20）：4–6.

[21] 马宋成，李佳怡．民族传统体育产业化的困境与路径：以贵州黔东南为例 [J]．当代体育科技，2022，12（15）：114–118.

[22] 于伟．体育运动理论在乡村旅游产业发展中的应用 [J]．中国果树，2022（6）：125.

[23] 李丹．新发展格局下乡村旅游产业融合发展研究 [J]．农业经济，2022（9）：136–138.

[24] 汤兆．新时代乡村旅游产业振兴发展研究 [J]．现代商业，2022（34）：49–52.

[25] 陈传革．乡村振兴战略背景下休闲体育融入乡村旅游路径研究 [J]．山西农经，2022（12）：171–173.

[26] 刘隽．健康中国战略背景下体育产业与健康产业互动关系研究 [J]．山东体育学院学报，2022，38（6）：46–56.

[27] 陈慧娟．体育产业与养老产业融合动力的理论与实证研究 [J]．山东体育学院学报，2022，38（3）：82–90.

[28] 朱佳滨．旅游产业与大型体育赛事融合路径优化研究 [J]．社会科学家，2022（2）：7–14.

[29] 王丽．基于资源生态开发视角下乡村休闲体育旅游资源开发研究 [J]．智慧农业导刊，2021，1（13）：81–83．

[30] 王健，蒋珊珊．休闲体育产业嵌入观光农业发展研究 [J]．当代体育科技，2021，11（8）：164–166．

[31] 李若果．高校体育服务于当地社区养老路径的探究 [J]．冰雪体育创新研究，2021（20）：193–194．

[32] 唐瑶函，徐紫薇，齐立斌．乡村旅游与休闲体育产业融合特征研究 [J]．当代体育科技，2020,（3）：176–177．

[33] 李献青，张波，彭波，等．四川体育与康养产业融合发展路径研究 [J]．四川体育科学，2020，39（3）：107–109．

[34] 李承伟，贾飞飞．“健康中国”视域下体育与医养健康产业融合发展研究 [J]．当代体育科技，2020，10（20）：6–7．

[35] 翟帅帅．体育产业与养老产业融合发展路径研究 [J]．全国流通经济，2020（15）：133–136．

后　记

本书从多个维度对体育产业的多元化融合发展进行了全面而深入的探讨，旨在揭示体育产业在现代经济社会发展中的重要地位和作用，以及与其他产业相互融合、共同发展的必然趋势。

在撰写过程中，我们坚持以体育产业的基本理论为基础，结合国内外体育产业发展的最新趋势和实践案例，对体育产业与“互联网+”、旅游产业、养老产业、文化产业、农村休闲产业等多个领域的融合发展进行了深入研究。我们分析了体育产业与这些产业融合的演化路径、业态模式、发展策略等，为体育产业的多元化融合发展提供了理论和实践指导。

同时，我们也认识到体育产业与其他产业的融合发展是一个复杂而系统的工程，需要政府、企业、社会等多方面的共同努力。政府应加大对体育产业的支持力度，制定和完善相关政策法规，为体育产业的多元化融合发展提供良好的政策环境。企业应积极探索体育产业与其他产业的融合模式，加强技术创新和产品研发，提升体育产业的竞争力和附加值。社会应加强对体育产业融合发展的关注和宣传，提高公众对体育产业的认知度和参与度。

此外，我们还应注意到体育产业融合发展的多样性和差异性。不同地区、不同国家、不同文化背景下的体育产业融合发展具有不同的特点和规律。因此，在推动体育产业融合发展的过程中，应充分考虑各种影响因素，因地制宜地制定发展策略，推动体育产业的可持续发展。

总之，体育产业的多元化融合发展是一个充满机遇和挑战的领域。我们希望通过这部专著的出版，能够为相关领域的学者和实践者提供有益的参考和借鉴。同时，我们也期待未来能够有更多的研究和探索，为体育产业的多元化融合发展注入新的活力和动力。